ASIOS

超常現象の懐疑的調査のための会

謎解き古代文明

彩図社

【はじめに】
伝説と真相――一粒で二度おいしい謎解き

ASIOS代表 本城達也

「超古代には現代文明をしのぐ、高度な文明が存在していた……」

「世界各地から考古学の常識では説明できない遺物が見つかっている……」

本書を手に取られた方の中には、このような話を聞いたことがある方も多いのではないでしょうか。前者は1万年以上前に存在していたとされる「アトランティス」や「ムー」といった超古代文明にまつわる話としてお馴染みです。

後者はその超古代文明と関連した「オーパーツ」について語られる際によく見かけるものです。ここでいうオーパーツとは、英語で「場違いな人工物」を意味する「Out of place artifacts」の略称で、古代の遺物とされながら、当時の技術ではとうてい製造不可能だと思われる物品や遺跡のことを指します。代表的なのは、映画の題材としても取り上げられた「クリスタル・スカル」（水晶ドクロ）でしょうか。

こうした超古代文明を示すとされる痕跡やオーパーツの報告は世界各地から寄せられており、それらを紹介する書籍もまた世界中で出版されています。エーリッヒ・フォン・デニケンや、グラハム・ハンコックといった作家による世界的なベストセラー本を読んで、興味を持たれたという方もいらっしゃるかもしれません。

太古の世界には、まだ私たちの知らない文明が存在し、そこでは驚くべき未知の技術が使われていた、という話は大変魅力的なものです。私も大いに魅了され、関連する書籍をたくさん読みました。これは今でも変わりません。

さて、そんな私も含めた超古代文明ファンにとって、気になるのはその話がどこまで本当なのか、ということではないでしょうか。よく語られる、定説をくつがえす新発見や考古学者による黙殺といった話は本当なのか。興味をお持ちの方もおられるのではないかと思います。

本書は、そんな方々にお贈りする超古代文明やオーパーツの謎解き本です。これまで同様の書籍としましては、超常現象を懐疑的に調査する団体「ＡＳＩＯＳ」（アシオス）として、『謎解き超常現象』シリーズや『謎解き古代文明』（いずれも彩図社）といったものを発表してきました。

今回は、その中でもオーパーツをメインに扱って好評を博した『謎解き古代文明』を中心に、他のシリーズからも項目を選抜、さらに新たに書き下ろした5項目を加えて再編集したものです。

再編集にあたっては、これまでよりも記事を簡潔にする一方で、収録している画像を増やして読みやすくなるように工夫を施しました。長すぎる文章は苦手だという方や、ちょっとした空き時間に少しずつ読み進めたいという方にも、手に取っていただきやすくなったのではないかと思っています。

ちなみに本書は、超古代文明やオーパーツに関して一般に流通している話を【伝説】と題してまとめ、その後に各担当者が調べた内容を【真相】と題して解説する構成になっています。オーパーツ等を紹介する通常の類書ではあまり見られない、やや変わった構成かもしれません。けれども伝説では終わらずに謎解きの真相まで読める、いうなれば一粒で二度おいしいという点では、読み応えのある読み物になっているのではないかと思います。【伝説】を読みながら、その真相をぜひ一緒に推理してみてください。

超古代文明、そしてオーパーツの真相はいったい何なのか。

謎解きの世界にご案内しましょう。

謎解き古代文明―目次―

【第五章】「日本の超古代文明」の真相

【第一章】「アメリカ大陸の超古代文明」の真相

1 ナスカの地上絵の謎

【地上絵は宇宙人へのサインだった？】

推定年代
ナスカ時代
前2世紀〜5世紀

伝説

ナスカの地上絵は、ペルーの首都リマから440キロほど離れた、パンパ＝インヘニオという乾燥地帯にある。

絵のサイズは、小さなもので約20メートル、大きなものだと約300メートルもあり、紀元前2～5世紀の古代インカ人が描いたとされている。[※①]

ナスカの地上絵を巡る謎については、発見以来、研究者の間で長年検討が続けられてきた。[※②]

しかし、これほど巨大な絵をどうやって描いたのか、その方法は現在でもまったく分かっていない。絵柄の中には、シャチやサルのようにナスカにはそもそも棲息していないものもある。

そうした〝未知〟の対象を描くことができた理由も謎である。

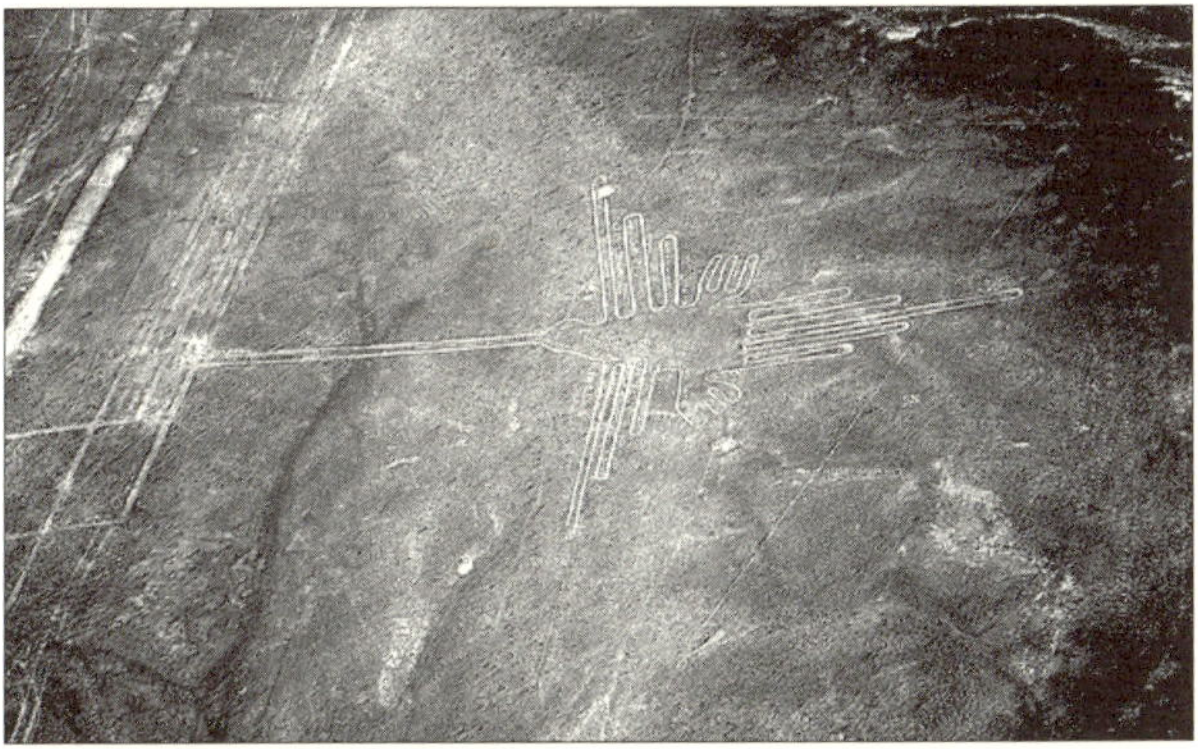

ナスカの地上絵を代表的する「ハチドリ」の地上絵

ナスカの地上絵を広く一般に紹介した古代史研究家のエーリッヒ・フォン・デニケン※③は、地上絵の描かれ方は不明としつつも、その目的を「地上絵は、高度な文明を授けて去っていった宇宙人を呼び戻すために、その宇宙船の着陸跡を古代インカ人が真似て描いたもの」ではないかとした。

やはり、ナスカの地上絵は、地球外生命体の叡智によって作られたものなのだろうか。

真相

ナスカの地上絵が一般に広く知れ渡るようになったのは、たしかにエーリッヒ・フォン・デニケンの功績である。

しかし、彼はいわゆる一般的な考古学者ではない。「古代宇宙飛行士説」、つまり古代文明は「高度な科学力を持つ宇宙人か、その科学力を伝授された古代人に作られた」とする反主流超古代史を唱える人物なのだ。

デニケンをはじめ、反主流派の立場に立つ人々は多かれ少なかれ、真実をねじ曲げ、自説に都合の良いように解釈する癖がある。デニケンは初めて地上絵を紹介した際、「描かれ方は不明」としていた。しかし、実際はその時、すでに地上絵は**ナスカ人の独力で描けた**ことが判明していたのである。

●ナスカの地上絵の描き方

ドイツ人女性研究者、マリア・ライヘ※④によると、地上絵は**杭とロープを使った拡大法**で描かれていた可能性が高いという。その方法は次の通りだ。

まず、これから地上絵を作る場所の中心に、図柄を縮小した下絵を描く。次にその下絵の中心に杭を打って基点を定め、下絵の特徴的な部分、たとえばハチドリならくちばしの先端部分や翼、尾など、直線と曲線が交わるような部分に点をつけていく。点をつけ終えたら、今度は基点の杭に結んだロープで基点と下絵との距離を測り、そのロープを完成サイズまでまっすぐ等倍に伸ばして再度点をうつ。こうすることで、下絵の何倍もの大きさの設計図を作ることができる。

大仙陵古墳は全長500メートルにもなる（大阪府堺市）

そうして地上絵の設計図ができあがったら、その点と点とを結ぶように作業員を配置する。作業員は地面にしゃがみ、手の届く範囲の小石を取り除く。ナスカの大地の表面は細かな小石で覆われており、それを取り除けば白い地表がむき出しになる。その地表の線が、上空から見ると地上絵に見えるのである。

このライへの説は杭が発見されたこともあって、現在でも妥当な説だと考えられている。しかし、それでもまだ「インカ人は気球で空から見ていた」という新説を唱える人もいる。理由はおそらく、ナスカの地上絵の性質にあるだろう。

ナスカの地上絵は上空から見て初めて全貌を把握できる。地表から見えないなら作りようがないではないか、というのである。

だが、世界には上空からでなければ全貌が把握できない遺跡はたくさんある。たとえば、日本の大仙陵古墳[※⑤]はその代表的なものだ。大仙陵古墳の大きさは、全長約５００メートル、幅は約３００メートル。それに比べると有名な地上絵「ハチドリの絵」は全長96メートルで、ずっと小さい。もちろん、この古墳が作られた当時の日本人は飛行機械など持っていない。だが、それでも前方後円の形と、それを取り囲む濠をきちんと設計している。

また、地上絵の長い直線に驚いてしまうのも、古代人が「未開」という思い込みが原因だ。ナスカ文明は紀元前2世紀ごろから地上絵を描き始めたとされるが、それよりも古い紀元前3世紀のローマにはすでに直線の道路があった。やや時代は新しくなるが、7世紀に作られたとされる日本の奈良盆地の下ツ道[※⑥]は、総延長25キロの直線道路である。

地上に直線を引こうと思ったら人間を立たせて見たところが重なるように配置すればいい。ナスカの地上絵でも圧倒的に多いのは直線だ。直線は高度な技術だというのが、私たち現代人の**思い込み**なのである。

●なぜ〝いるはずのない動物〟の地上絵があるのか？

地上絵の謎の中には、ナスカにはいない動物が描かれているというものがある。【伝説】で挙げていたシャチやサルなどがその代表的なものだろう。

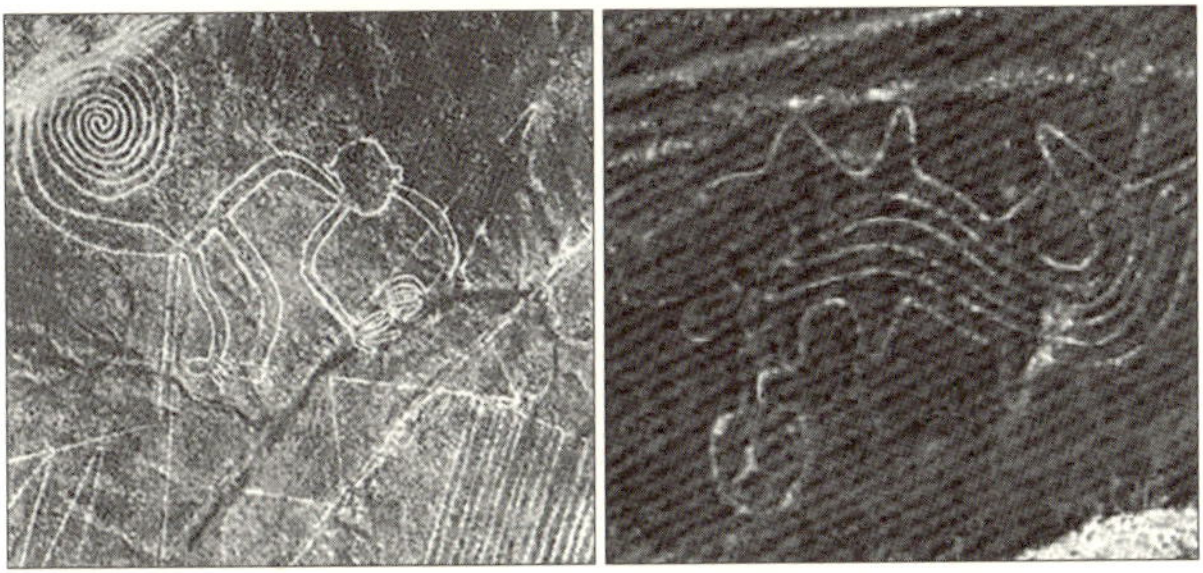

サル（左）とシャチ（右）の地上絵。サルが生息域はアンデス山脈の東側であり、アンデス山脈の西側にあるナスカにはサルはいなかったとされる。

たしかにいないはずのものが描いてある、というのは不思議である。だが、そもそも地上絵を「活き活きとした動物の描写」と考えてしまってよいのだろうか。

ナスカの土器や布には、動物や**「神話的存在（神）」**の姿が盛んに描かれており、地上絵もそれらをモチーフにしたとされている。土器や布を見るとはっきりわかるが、そうした動物像はどの土器や布にも同じような姿で描かれている。つまり、それらはナスカの人々にとって**一種の文様**であり、動物を写生したものではないのである。

では、そうした動物のイメージはどこからやってきたのか。

これまでナスカを含むアンデス西側の諸文化は、互いに孤立しており、交流を持つことは少なかったと考えられていた。しかし、１９８０年代に**カワチ神殿**と呼ばれる遺跡が発見されて考え方が一変する。

カワチ神殿はナスカ台地の南西部にある敷地面積１５０

ヘクタールの広大な日干し煉瓦造りの神殿都市で、ピラミッドと神殿があったと考えられている。神殿の発掘調査は近年になって始まり、ナスカとは別の地方の土器などが発見された[※⑦]。そのことから、現在ではカワチ神殿はナスカを含むアンデス地方に住む人々の巡礼の場だったのではないか、と考えられるようになった。カワチ神殿を中心に、**アンデス西側の諸文化が交流を持っていた可能性**が高まったのだ。

そうなればシャチやサルの謎も不思議ではなくなる。

カワチ神殿が巡礼の場だとすれば、シャチを知る海側の人々やサルを知るアンデスの向こう側の人々もやってきた可能性がある。ナスカの人々は彼らから直接、シャチやサルの存在を聞いたかもしれないし、彼らが神に捧げるために持ってきた土器や布を見て知ったかもしれない。

また逆に、ナスカの人々が海側やアンデスの向こう側を訪れることもあっただろう[※⑧]。

アンデスの文化交流はまだ研究の途上にある。今後、この説を裏付けるより具体的なデータが出てくることを期待したい。

（ナカイサヤカ）

【注釈】

※①**地上絵の数…**人間やサルなどの動植物を描いた物が数十点、図形など幾何学模様を描いた物が数百点、単純な直線状の物だけでも数千点は存在しているという。

※②**ナスカの地上絵の用途…**研究により用途には、天文カレンダー説、宗教的儀式のための歩道説、一族の集会施設説、地下水の場所を示すマーク説などが挙がっている。このうち、天文カレンダー説は直線と太陽の方向が一致しないことなどから現在ほとんど支持されていない。他の説もまだ定説となるには至っておらず、現在も研究が続けられている。

※③**エーリッヒ・フォン・デニケン…**（1935〜）スイスのホテルマンだった時代に古代宇宙飛行士説で人気作家となった。以後AASRA（考古学・宇宙飛行学及び地球外知的生命体研究協会）を組織するなど、この分野の第一人者を名乗っている。

※④**マリア・ライヘ…**（1903〜1998）ドイツの数学者、考古学者。ドレスデン工科大学で学び、29歳でペルーに渡る。学校教師などをした後、1940年にアメリカ人考古学者ポール・コソックの助手となり、ナスカの地上絵を発見。以後、ペルーに残り、地上絵の研究と保存に生涯を捧げた。

※⑤**大仙陵古墳…**大阪府堺市にある日本最大の前方後円墳。5世紀前期から中期にかけて作られたとされる。宮内庁が第16代仁徳天皇陵としていることから、仁徳天皇陵とも呼ばれる。

※⑥**下ツ道…**7世紀中頃に整備された大道。見瀬丸山古墳を起点とし、奈良盆地の中央をまっすぐ北へ進み、平城京の朱雀大路に至った。

※⑦**カワチ神殿付近で新たな地上絵を発見…**2011年1月、山形大学の研究チームがカワチ神殿付近で新たに2つの地上絵を発見したと発表した。見つかった地上絵は、人間の頭部らしき地上絵と、何がしかの動物を描いた地上絵だという。

※⑧**ナスカと海との距離**…内陸のかなり奥まったところにある印象のナスカだが、地上絵のある台地は海岸部から50キロ程度しか離れていない。場合によっては、シャチの実物を見ることができた可能性はある。

■参考文献：

「ナスカ 文明崩壊の謎」『ナショナルジオグラフィック』（2010年3月号）
『世界遺産ナスカ展―地上絵の創造者たち』（展覧会図録・2006年）（収録論文多数）
【web】ドイツ考古学研究所「ナスカ・パルパ考古学プロジェクト」
木下良「古代日本の計画道路　世界の古代道路とも比較して」〈地学雑誌110⑴、2001年〉
『The Cult of Alien Gods: H.P.Lovecraft And Extraterrestrial Pop Culture』（Prometeus Books, 2005）
エーリッヒ・フォン・デニケン『失われた未来の記憶 新世紀オーパーツ紀行』（学研、2011年）
「南米古代ミステリー」（TBS、2010年4月4日放送）

2 イースター島とモアイ

【モアイ像は超古代文明で造られた？】

推定年代
10世紀～18世紀

伝説……

南太平洋上に浮かぶ、イースター島※①（ラパ・ヌイ）。

この島には、人の顔をかたどった謎の巨大石像「モアイ」がある。

モアイには、いまだに解けない大きな謎がある。それはモアイをどうやって作り、どうやって運んだのか、ということだ。モアイは10世紀ごろから18世紀にかけて作られたとされている。

しかし、18世紀にヨーロッパ人が初めてこの島に足を踏み入れた時、イースター島の人々は原始的で石器時代のような暮らしを送っていた。巨石を運搬するような技術を持っていたとはとても思えないのである。

そのため、モアイはオーパーツではないかとされ、イースター島の周辺海域にかつてあったという高度な文明を持つ帝国の子孫が作ったものではないか、との意見もあった。

　しかし、近年になりその謎を解くかもしれない、有力な説が登場した。その説を唱えたのは、ベストセラー『銃・病原菌・鉄』の作者ジャレド・ダイアモンド※②である。ジャレドは2005年に出版した『文明崩壊』の中で、イースター島に言及。島はかつて豊かな森林に覆われており、そこには比較的高度な文明を持つ人々が暮らしていたとする説を展開した。モアイはそれらの人々が技術を駆使して作ったという。

　だが、その後、人口増加とモアイ制作の影響で森林は次第に破壊されるようになる。その結果、イースター島の文明は崩壊し、人々の暮らしは石器時代レベルにまで後退してしまった。島を初めて訪れたヨーロッパ人が見たのは、文明を失ったイースター島の人々だったというのだ。

　はたして最盛期のイースター島では大勢の島民が共同で石を刻み、森の木々を使った運搬具でモアイを海岸にまで運ぶ、古代エジプトさながらの光景が見られたのだろうか。

真相

イースター島に関するジャレドの説は、現代文明の行く末を暗示していると大いに人気を集

イースター島のモアイ（©Alanbritom）

めた。豊かさを享受しているうちに、それを支えた資源と環境を使い果たして滅びるのは、多くの古い文明がたどった道でもある。

だが2012年、2人の人類学研究者が**この説を否定する新たな仮説を提示**した。米ハワイ大学のテリー・ハントと、カリフォルニア州立大学のカール・リポは、島にはジャレドがいう**人口爆発も高度で複雑な社会も存在しなかった**というのだ。

●ジャレドの説は間違い？

人間が農耕を始めると、ほとんどの場合、食料が豊富になるので人口が爆発的に増える。人が増えれば、さらに開墾を進めたり、近隣と戦争するなどして、食料や生活資材を確保できるようになり、労働力が増し、巨大な建造物も造れるようになる。

これが農耕革命[※③]と呼ばれているもので、世界的に知られている大文明をはじめ、世界各地で人々の暮らしに大きな変化をもたらしたことが確認されている。ジャレドはこの定説に沿ってイースター島の歴史を描いて見せた。彼は最盛時のイースター島には森を切り開いた農地が広がり、1万人以上、2、3万人に達する人々が暮らしていたと想定する。

だが、ハントとリポはそれはあり得ないという。ポリネシア人のおもな作物はタロイモ[※④]だが、イースター島は降水量が少なく、**タロイモ栽培には不向き**である。**1～3万もの人口を養えたとは考えられない**というのだ。

18世紀にオランダ人が初めてイースター島を訪れた時、人口[※⑤]は3000人ほどだった。ハントとリポはこの3000人という数がイースター島の最適人口で、500年ほど安定した暮らしを続けながら、モアイを作ったのだと主張する。

ハントとリポの説では、イースター島の人々はむしろ狩猟民族に近い暮らしを送っていたとする。島から島へと移り住んできたポリネシア人は、イースター島にくると海沿いに小さな集落を形成し、風除けの石垣で囲まれた菜園を作った。そこで作物を育て、カヌーに忍び込んで島で増殖していたネズミを捕って生活していた。海岸には祖霊を祀る石造りの祭壇を築いた。

ジャレドが言う、文明が崩壊して人々が石器時代の暮らしに戻ったというのは、20世紀初頭の冒険物語ではおなじみの筋書きだ。ムー大陸の子孫が原始的な生活をするようになったと言

18世紀後半のヨーロッパで描かれた当時のイースター島の様子

われても信じない人は多いだろうが、この島にもヨーロッパ人が知らない文明があったと言われれば信じたくなってしまう（実際、ヨーロッパ人に知られることなく栄えて滅びた文明は各地で発見されている）。

だが、限られた土地しかない島ではわずかな油断が全滅を招く。何より大切なのは、生きのびること、世代を重ねることで、文明を築くことではない。そう考えれば総人口2万人の文明社会よりも、遺跡が示しているような総人口3000人の海岸沿いに散らばる村落での暮らしの方が現実的だ。もちろん島がもっと農耕に適した気候であれば、彼らも農地を広げ、子孫を増やしてジャレドが想定したような暮らしをしようとしていたかもしれない。だがイースター島の環境ではそうはいかなかったのだ。

●なぜモアイを作ったのか？

農耕社会になると、ものつくりの職人や戦争する兵士を養えるようになる。狩猟採集社会にはこうした余裕はない。だが、他人を養わなくていいので、実は一日中畑で汗を流して働く農耕民より労働時間が少なく、ほかのことができる時間はたっぷりある。

ラパ・ヌイの人々は、質素な暮らしと引き替えに大量の時間を手に入れた。だが基本的には自然が頼りの蓄えの少ない暮らしだ。安心して暮らしていくためには、祖霊と聖霊に守ってくれるように祈らなくてはならない。

そこで人々は祖霊を表すモアイ作りに力を入れたのだ。ラパ・ヌイではモアイ作りは生活に欠かせない作業の一つだったのである。

イースター島が絶海の孤島※⑥で、海を渡って攻めてくる敵がいなかったことも人々の余裕を生んだ。ポリネシア人は、平和なイメージと裏腹に勇猛な戦闘民でもある。生きのびるために他の島の人々を襲って食料財産を略奪したり、土地を奪って移住したりすることも多かった。モアイが海に背を向けているのは、外敵を心配する必要がなかったからだというのは昔から指摘されていることである。モアイが守っているのは島で営まれる人々の暮らしなのだ。

●なぜモアイは歩いたのか？

島には倒れたまま放置されたモアイもある（©russavia）

モアイは自分で歩いたというのは、イースター島に残る伝説の一つだ。

巨大な石像物を移動させるには、木製のコロやそりを使うことが多い。こうした運搬法は※⑦ヘイエルダールが島で実験していて、どの程度の人数とどのくらいの木材が必要かも実証済みである。

ここで疑問となるのは、それだけの木材が島にあったのか、それだけの人数が確保できたのかの2点だ。

ジャレドなどは過去には豊富な木材があり、人口も多かったので可能だったという説をとる。「モアイが歩いた」伝説を考慮して、立たせたままのモアイを小さめのそりに乗せたという説もあった。

一方、ハントとリポは、立たせたままのモアイにロープをかけて、バランスをとりながら交互に引けば、**比較的少人数で移動させられることを実験し**

て証明した。そりもコロも大人数もいらない。必要なのは**十数人の労働力とロープだけ**である。花粉分析によって、かつて島には丈夫なロープが作れる椰子の木が豊富に生えていたことがわかっている。彼らが言う「モアイの道」には**倒れたまま放置されたモアイ**が多数見られる。「歩かせる」のに失敗して倒れてしまったら、また新しいのを作る。ラパ・ヌイの人々には時間はたっぷりあったのだ。

イースター島にやってきた人たちのふるさとである東ポリネシアには祖霊を祭る場所として石造りの祭壇を作る伝統と、祖霊であり精霊（神）であるティキ[※8]の像を造る伝統がある。初期のモアイは大きさも小さめで体もあり、タヒチやハワイのティキ像と共通する部分も多いものだった。他の島々との交流が少ないイースター島での暮らしが続くうちに、**徐々に顔部分が大きくなってティキはモアイになった**と考えられている。像が小さい時代からロープで引いて「歩かせて」移動させていれば、「歩かせる技術」はどんどん向上していっただろう。

●そして、モアイだけが残った

では、かつて島を覆っていた森はどうしてなくなってしまったのだろう？　ハントとリポは人々と一緒にやってきた**ネズミのせいで減少**したという。ネズミは木の種子を食べる。発見された椰子の実にはネズミの歯形が残っているものがある。それだけではなく、ロープのため

ハントとリポが解明したモアイの運搬法。立たせた状態のモアイにロープを結び、左右から交互に引っ張ると歩くように進んでいく。（※⑨）

などに椰子の木を使いすぎて生態系が崩れた可能性も高い。同じ島国である日本の場合を考えても、安定した暮らしは数百年と続かない。人間の暮らしは劇的な形ではなくても自分たちがよって立つ自然を徐々に破壊したり、災害で打撃を受けやすくしてしまって、いつかは崩壊してしまうのだ。

いずれにしろ、ヨーロッパ人がやってきたころには、もうモアイはつくられなくなっていて、森もほとんど残っていなかった。[※⑩]人々は争い、持ち込まれた病気でさらにダメージを受け、加えて労働力としてヨーロッパ人に連れ去られた人も多く、島の人口は激減した。

島は近代にはイギリス領になり、**島全体で羊の放牧が行われた**。どこまでも草原が広がる現在の風景が生まれたのは主にこの羊放牧のせいである。人も歴史も自然も消えてしまった島にモアイだけが残ったのだ。

現在のイースター島はチリ領で主産業はモアイ観光だ。倒れていたモアイも観光用に重機で引き起こされている。現在の写真で見られるように、ずらっと並んだモアイが過去の姿かどうかは、誰も知らないのだ。**現在立っているモアイは史上最高数**だろうとも言われているほどである。

チリ本土からやってきた人も多く、人口は5000人に増えたが、モアイを作ったラパ・ヌイの人々の子孫はごくわずかだ。かつてモアイに宿っていたラパ・ヌイの祖霊たちはモアイを求めてやってくる人々を見ているのだろうか？

（ナカイサヤカ）

【注釈】

※**①イースター島…**正式名称はパスクア島。現地語ではラパ・ヌイと呼ぶ。チリの首都サンティアゴから西へ3700キロの太平洋上に位置。面積は北海道の利尻島とほぼ同じ大きさの約163平方キロ。

※**②ジャレド・ダイアモンド…**1937年生まれ。アメリカの進化生物学者、カリフォルニア大学ロサンゼルス校の教授。ニューギニア人との対話から人類の進化・発展に興味を持ち、研究を進める。『銃・病原菌・鉄』は多言語に翻訳され、世界的なベストセラーになった。

※③**農耕革命…**それまで狩猟や採集、漁労で主に食料を得ていたのが、農耕を始めたことによって、生活スタイルや社会システムが大きな変革を迎えたこと。これにより新石器時代が始まったため、新石器革命とも呼ばれる。

※④**タロイモ…**サトイモの仲間。根茎をむして食す。熱帯アジアやオセアニアの島々、熱帯アフリカなどで広く栽培されている。栽培は湿地帯で行うことが多く、河川のないイースター島では大量に栽培することができない。

※⑤**人口は3000人ほど…**イースター島の現在の人口は6000人弱である。

※⑥**絶海の孤島…**イースター島に最も近い島はサラ・イ・ゴメス島。しかし、400キロ以上も離れている。

※⑦**トール・ヘイエルダール…**（1914～2002）ノルウェー出身の人類学者、探検家。ポリネシア人の起源は南米から舟で渡った人々であることを立証するために、南米ペルーからイカダで出発。約8000キロの航海の末、出発から102日後にタヒチ島付近のトゥアモトゥ諸島に辿り着いた。

※⑧**ティキ…**マオリやハワイで信仰されている伝統的な神。精霊や保護者を表すとされる。

※⑨**画像の出典…**National Geographic Live！「Walking with Giants：How the Easter Island Moai Moved」より。

※⑩**人々は争い…**ハントとリポは否定しているが、お互いのモアイを倒したり、食人の習慣も発生したと推測する研究者もいる。

■**参考資料：**
【ｗｅｂ】ナショナル ジオグラフィック日本版「謎に満ちた文明崩壊の目撃者 モアイ」
ジャレド・ダイアモンド著、楡井浩一訳『文明崩壊 滅亡と存続の命運を分けるもの』（草思社、2005年）
Terry Hunt, Carl Lipo『The Statues that Walked: Unraveling the Mystery of Easter Island』（Free Press, 2011）

3 カブレラ・ストーンの正体

【人類と恐竜が共存していた動かぬ証拠】

推定年代
旧石器時代
1.2万年以上前

伝説 …………

1961年、南米ペルーにあるイカ川が集中豪雨によって氾濫した際、地中から奇妙な彫りこみのある石が大量に見つかった。

通称「カブレラ・ストーン」と呼ばれる貴重なオーパーツの発見である。カブレラ・ストーンはイカの町で診療所を営んでいた好事家の医師ハ[※①]ヴィエル・カブレラ博士が精力的に収集、保存に努めたことからその名が付いた。

このカブレラ・ストーンには、驚くべきことに今から6500万年前に絶滅したとされる恐竜や、その恐竜と共に生活する人類の絵、さらには天体観測や外科手術の様子など、高度な文明が存在していたことを示す絵が描かれている。

人類と恐竜が共存した証拠とされる、カブレラ・ストーン。恐竜らしきものに人間が食べられる姿が描かれている。（©Brattarb）

ところが、この歴史を覆すオーパーツに対し、学者たちの反応は冷ややかだった。そんな石は偽物に決まっているというのだ。1970年代には地元の農民が偽造していたという説まで出たことから、カブレラ・ストーンの信憑性は低いとする者もいる。

だが学者の否定的反応は先入観によるただの決めつけであるし、農民が作ったという説もあり得ない。カブレラ・ストーンの様々な絵を描くには、傑出した芸術の才能に加え、生物学、天文学、医学などの専門知識が必要になるからだ。教育を受けていない田舎の農民が、そんな想像力や専門知識を持っているわけがないのである。

さらに懐疑的な意見を退ける科学的な根拠もある。1967年にペルーのマウリシオ・ホッホシルト社が行った年代測定の結果、カブレラ・ストーンは1万2000年以上前に作られたということがわかったのだ。

また、2004年にペルー国立文化研究所のカルロス・カノが行った年代測定でも、大変古い時期に彫られたものだという結果が出ているのである。

真相

●発掘現場の存在が確認されていない

カブレラ・ストーンは地元の農民がみつけたと称する石を、カブレラ博士が買い取る形で集められた。※② 石の発掘現場はカブレラ博士がバジリオ・ウチュヤという農民から聞き出し、この2人だけが発掘場所を知っていることになっていた。しかし、2人はその場所を亡くなるまで秘密にしていたため、発掘現場はこれまで一度も客観的に確認されたことがない。

この発掘現場が確認されていないことは、カブレラ・ストーンの**最大の欠点**である。

現場がわからなければ本当に発掘されたものか確認が取れない。カブレラ・ストーンのような無機物の石は、発掘現場の地層や、同時に発掘された有機物を慎重に考慮して調べなければ正確な年代も特定できないのだ。

そのため【伝説】でいわれるような年代測定が当てになるとは言いがたいのが実情である。

カブレラ・ストーンを展示する私設博物館（ペルー、イカ市）に飾られたハヴィエル・カブレラ博士の写真（©Brattarb）

●名乗り出た偽造者

実は先にも名前が出たバジリオ・ウチュヤは、1977年にイギリスBBCの「古代の宇宙人飛行士の実情」[※③]という番組の取材に対し、カブレラ・ストーンは**自分と妻のイルマが作った贋作であると告白**している。[※④]

ウチュヤによれば、石は自宅近くの山などで見つけたものを使い、石の加工は数種類の金属工具を使ったのだという。また色は靴墨を使って黒くし、ロバや牛の糞の中で焼くことで古色蒼然とした古い外観に見せかけることができたという。

この話は裏付けが取れている。番組の取材班がカブレラ・ストーンをイギリスへ持ち帰り、ロンドンの地質科学研究所で偽造鑑定をしてもらったのだ。その結果、「**比較的最近作られた偽造品**である」との鑑定結果が出ている。

また、スペインの研究家ヴィンセント・パリスが行った調査も偽造説を裏付けている。パリスはカブレラ・ストーンを詳しく調べるため、ペルーに何度も足を運び、カブレラ博士やウチュヤ夫妻、それに地元の農民たちに取材し、4年にわたる調査を行った。

その結果、偽造の際の原料となる石の掘り出し方から、工具の使い方、着色の仕方までその裏付けを取ることに成功している。さらに持ち帰ったカブレラ・ストーンを詳しく調べたところ、偽造の際に絵の下書きに使われたと思しき**鉛筆の跡**も発見している。

●特別な才能や専門知識は必要ない

しかし、そうした偽造説を裏付ける証拠が出ても、カブレラ・ストーンを本物だと信じる人たちは決して揺るがない。石に彫られている様々な絵は特別な才能や専門知識が必要で、それらを持たない田舎の農民には到底制作できないという。

しかし、これは大げさな話である。カブレラ・ストーンに描かれている絵はお世辞にもうまいとは言えない。様々な題材も、すべてゼロから想像する必要はなく、雑誌や漫画などに載っている写真や絵からネタを持ってくれば済む話である。※⑤

さらにパリスがペルーの博物館を訪れた際には、カブレラ・ストーンに彫られた絵とよく似た展示品をいくつも見つけている。館長の話によれば、農民たちがよく来てノートに書き写しているのだという。それらをネタにして**石を偽造し、観光客や好事家に売りつけている**そうだ。※⑥

このように、大げさな才能や知識がなくとも絵は彫れる。そもそも、すべてのカブレラ・ストーンがまともというわけではない。中には最近作られた車の絵だったり、オタマジャクシのように変態して成長する恐竜の絵だったり、明らかにおかしな題材が含まれている場合もある。

しかしカブレラ・ストーンを支持する人たちは、こういった題材だけを偽物として分類するか、通説の方が間違っているとして新発見の本物として分類してしまう。

また逆に、普通に生息する動物の絵にもかかわらず、それらを数千万年前に絶滅した動物だと判断してしまう場合もある。結局、偽造する側に特別な能力がなくても、収集する側が都合の良いように判断してしまっているだけなのである。

（本城達也）

【注釈】

※①ハヴィエル・カブレラ…（１９２４〜２００１）医師。カブレラ・ストーンを収集し、私設博物館を開設して公開に努めた。カブレラ・ストーンを支持する人たちの共通の特徴であるが、進化論は誤りだと信じていた。

※②カブレラ・ストーンの総数…そうして集められた石は、１万１０００個以上にもなったという。

※③**「古代の宇宙人飛行士の実情」**…番組の英題は、「The Case of the Ancient Astroanunts」。

※④**贋作の告白**…ウチュヤは同様の告白を、リマの『ムンディアル』誌上でも行っている。

※⑤**ウチュヤの贋作造り**…実際、ウチュヤは偽造する際、漫画や雑誌、教科書、新聞などに載っている絵をネタ元にしたと語っている。また、ヴィンセント・パリスがウチュヤの自宅を訪れた時には、プレ・インカ時代の神話にまつわる様々な絵が描かれたカレンダーもあったという。

※⑥**ペルーの偽造品事情**…ペルーでは偽造品が横行しており、農民たちの中にも偽造品の製造や販売に手を染める者がいる。カブレラ・ストーンもウチュヤ夫妻のみが偽造していたのではなく、他の農民も加担していたと考えるほうが妥当である。

■参考文献：

コルネリア・ペトラトゥ他『ＩＣＡ　模様石に秘められた謎』（文藝春秋、１９９６年）
浅川嘉富『恐竜と共に滅びた文明』（徳間書店、２００４年）
高坂剋魅「世界宇宙考古学会報告」『ＵＦＯと宇宙』（ユニバース出版社、１９７８年３月号）
オービス・パブリッシング『失われた世界への旅』（同朋舎出版、１９９６年）
前川光『人類は二度生まれた』（大日本図書、１９８６年）
Massimo Polidoro「Ica Stones: Yabba-Dabba-Do!」『Skeptical Inquirer』（Volume 26.5, September/October,2002）
【ｗｅｂ】Vincente Paris「LAS PIEDRAS DE ICA SON UN FRAUDE」
【ｗｅｂ】Stephen Wagner「The Mysterious Ica Stones」

4 クリスタル・スカルの伝説

【13個集まれば世界の叡智が授けられる？】

推定年代
マヤ文明
4世紀〜
10世紀

伝説……………

「クリスタル・スカル」という名は、いまでは大抵の人が聞いたことがあるだろう。
もっとも有名なものは、[※①]スピルバーグの映画の題材とされた「ヘッジスのクリスタル・スカル」だ。これは、１９２７年初頭、英国人の探検家フレデリック・アルバート・ミッチェル・ヘッジスとその養女のアンナが、中央アメリカのユカタン半島の付け根にある古代マヤのルバントゥン遺跡を調査していた時に発見したものとされている。
さらに近年になって、この他にも、新たなクリスタル・スカルが次々と発見されるようになってきた。１９１２年に中米グアテマラで発見された「マヤ・スカル」、アメリカのコロラド州の農場で見つかった「歪んだスカル」、アメリカのスミソニアン博物館に所蔵されている

「呪われたスカル」、ブラジルで出土した「ブルースター・メイドン・スカル」などなどだ。

実はこれらクリスタル・スカルは、超古代のコンピュータの一部であり、世界に全部で13個存在しているのだという。

そして13個のスカルが一堂に集められ、ひとつを中心に、残り12個を時計の文字盤のように円形に配置して「オシリコンウィアの聖櫃」と呼ばれる特定の形に配置すると、各スカルは各々の惑星の記憶を思い出し、全世界の叡智が手に入るとされている。

真相

「13個のクリスタル・スカルが一堂に揃えば、全世界の叡智が手に入る」というのは、まことに夢のある話ではある。

だが、【伝説】に書いたもの以外で、次のようなクリスタル・スカルが、すでに見つかっている。

重さが57ポンドと25キロ以上もある「57ポンドスカル」、淡いグリーン色の「グリーニー・スカル」、パリの人類学博物館所蔵の「パリス・スカル」※②、大英博物館にある「ブリティッシュ・スカル」※③、紫水晶製の「アメジスト・スカル」、内部が七色に光るという「レインボー・スカル」、

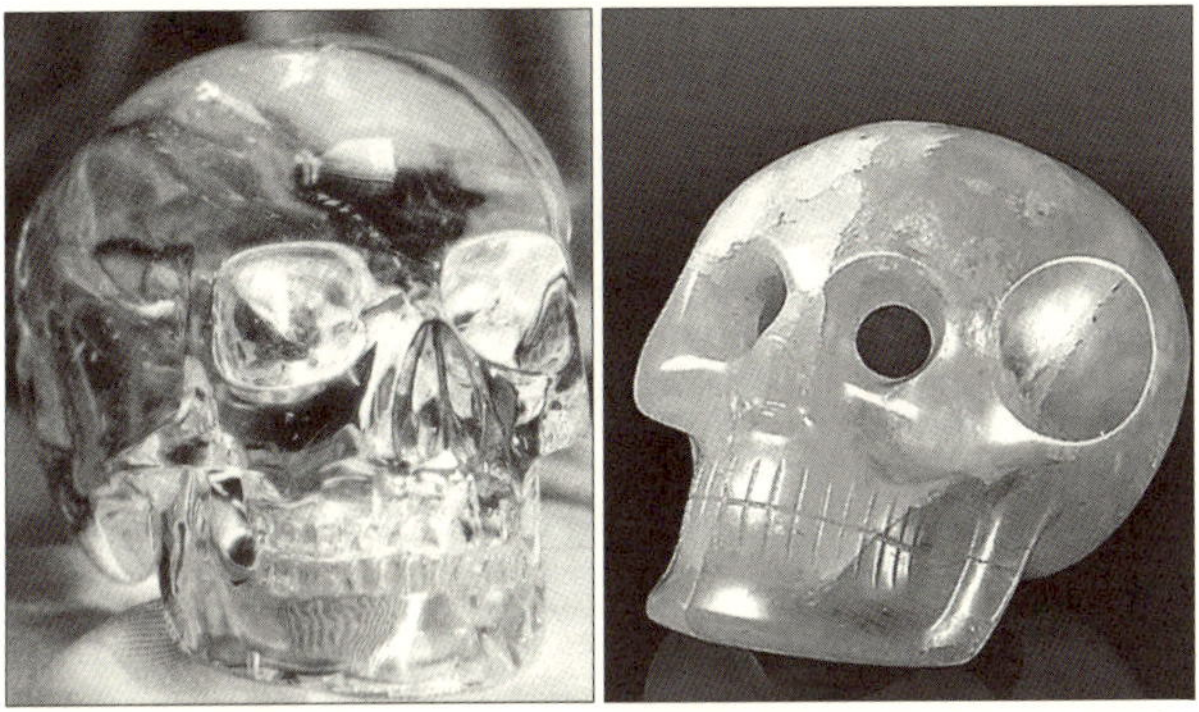

ヘッジスのクリスタル・スカル（左）とスミソニアン博物館の呪われたスカル（右）（※⑤）

ピンク色の水晶でできた「ヘルメス・スカル」、顔に縦筋が入っている「イカボッド・スカル」、メキシコで見つかった「シャ・ナ・ラー・スカル」、哲学者の名がついた「ソクラテス・スカル」、マヤ遺跡で発見されたという[※④]「マックス・スカル」、スコットランドにある「マハサマトマン・スカル」、ヒーリングパワーがあるという「ET・スカル」、猿の頭蓋骨にそっくりという「マドレ・スカル」……。

これらに【伝説】で紹介した5つを加えると、**すでに19種類もの水晶ドクロが見つかっている**ことになる。偽物扱いにされる、残り6個のスカルの行く末が心配だ。

いったい、このうちのどれが叡智を授ける真性のクリスタル・スカルなのだろうか。

数あるクリスタル・スカルのなかで、唯一、その由緒来歴が判明しているドクロがある。

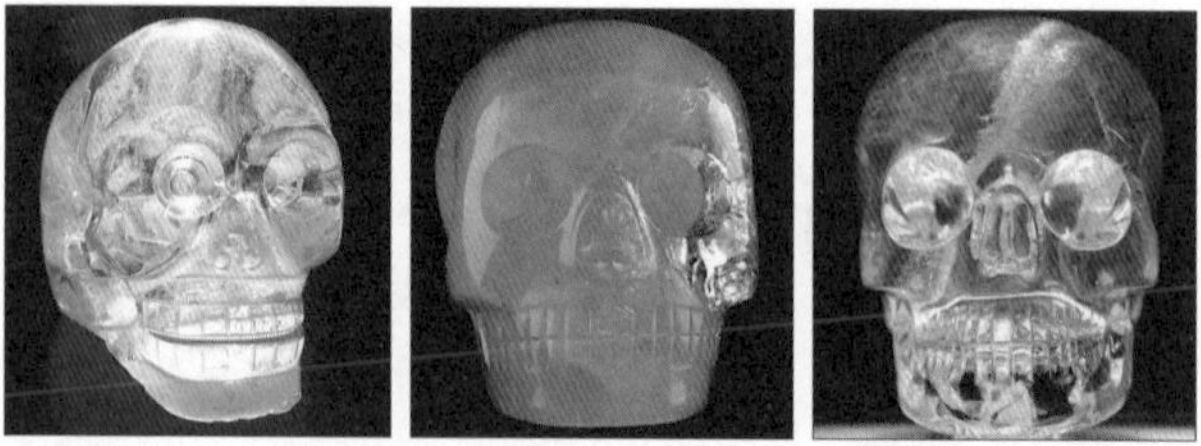

発見されたその他のクリスタル・スカル。左からパリの人類学博物館所蔵の「パリス・スカル」、「マックス・スカル」、大英博物館所蔵の「ブリティッシュスカル」

ワシントンD.C.のクリスタル専門店が所有するジョシュアのクリスタル・スカルだ。実物大のドクロで、加工もヘッジス並みとは言わないがかなり精巧な代物だ。このドクロが作られたのは**1995年で、ブラジルが原産地**。

1995年というと、作られてから20年ほどしか経っていない。それも**ブラジルの一家族**が、**約半年間で作ってしまった**作品なのだそうだ。

クリスタル・スカルには、民間人が保持している出所不明のもの以外にも、米国のスミソニアン博物館やパリの人類学博物館、英国の大英博物館と、世界的に有名な博物館に所蔵されているものもある。しかし、それらの正体もジョシュアのクリスタル・スカルと似たり寄ったりだ。

まず、大英博物館所蔵の水晶ドクロは、1897年にティファニーで購入されたものであることがわかっている。博物館側の説明によれば、古代マヤ文明などとは関係がなく、**19世紀にヨーロッパで制作されたもの**とみられる、ということである。※⑥

また、パリの水晶ドクロに関しても2010年頃に、3ヶ月がかりの分析調査が行われ、近代的な機械を使って細工を施された跡が発見されており、やはり**18世紀か19世紀に作られたもの**であろうとされている。

ルバントゥン遺跡での記念写真。右がヘッジス、中央がブラウン女史、左がトーマス・ガン博士（※⑦）

スミソニアンの水晶ドクロもまた同じく、シリコンカーバイドを使って研磨した跡がみられるため、今では**偽物の例として展示**されている。

本家本元とされるヘッジスのドクロも、本当に古代マヤの産物かどうかというと、かなり疑わしい。[※⑧]ジョー・ニッケルと[※⑨]ジョン・F・フィッシャーという超常現象調査の専門家が、そのあたりを詳しく調べているので、彼らの記述を参考に紹介しよう。

ヘッジスの写真としてよく紹介されている写真に、トーマス・ガン博士とレディ・リッチモンド・ブラウン女史と一緒にルバントゥン遺跡に腰掛けている記念写真がある。この2人とも探検の主要メンバーだった。

ヘッジスらがクリスタル・スカルを発見したとした、中米ベリーズにるルバントゥンの遺跡。しかし、伝説はほぼ捏造であった。

ブラウン女史は、探検の写真をたくさん残している。だが問題なのは、その中に水晶ドクロや養女のアンナの写真が**1枚もない**ということだ。ガン博士も1931年に『マヤの歴史』という本をまとめているが、その中に水晶ドクロは一言も出てこない。

ルバントゥン遺跡について最も詳しい学術的なモ※⑩ノグラフをノーマン・ハモンドという博士が書いているが、その中にも水晶ドクロはまったく顔を出さない。それどころか博士は「なぜドクロについて触れないかというと、**マヤ文明と何も関係ないからだ**」などと書き、さらに「文献的に調べる限り、アンナがルバントゥンにいたという証拠は何もない」とさえ言っている。

実はヘッジス本人さえ記録をほとんど残していない。彼は1926年に帰国、30年代にルバントゥン遺跡に関するいくつかの新聞記事を書いているのに、ドクロについて何も触れていない。さらに1954年に出版した『我が同胞の危機』という自伝の中でもドクロに関して数行しか書いていないのだ。それもドクロの出自については「**わけあって言えない**」などと言っている。

ジョー・ニッケルの調査によれば、ドクロはヘッジスがロンドンの美術商シドニィ・バーニィから、1944年に400ポンドで買ったものだという。このことはロンドン美術館の記録にも残っており、ドクロの〝発見者〟とされているアンナ※⑪も否定をしていない。

水晶ドクロが初めて文献に出現した1936年の人類学雑誌『マン』の記事には、ヘッジスの名はまったく出てきていない。その代わりにドクロの持ち主として、先のバーニィの名が記されている。バーニィによると、彼の前の持ち主は英国のコレクターであり、それより前となるともうよく分からないと述べている。とにかくヘッジスの発見談とは、まったく違っている。

2008年の映画『クリスタル・スカルの王国』の公開に合わせて、米国考古学会の機関誌『アーケオロジー』が、クリスタル・スカル特集号を組んだ。その中で、ヘッジスの水晶ドクロは大英博物館にある水晶ドクロのコピーと考えられると指摘された。

スミソニアン協会※⑫が行った顕微鏡検査の結果、ヘッジスのスカルからも現代技術であるダイヤモンド研磨剤の使用跡が見つかり、**19世紀後半の作品**だろうと鑑定されている。どうもクリスタル・スカルは、13個はおろか、**ひとつも「本物」がない可能性が高い**ようなのである。

（皆神龍太郎）

【注釈】

※①**スピルバーグの映画…**2008年に公開された『インディ・ジョーンズ／クリスタル・スカルの王国』。同シリーズ最高のヒット作となったが、ラジー賞（最低リメイク賞・続編賞）を受賞してしまった。

※②**パリス・スカル…**アステカの遺跡から発見されたという。フランスの古物商、ユージン・ボバンの所有物だった。

※③**ブリティッシュ・スカル…**アステカの遺跡から発見されたという。こちらもユージン・ボバンの所有物だった。

※④**マックス・スカル…**グアテマラの墓から出土したとされる水晶髑髏。所有者のテキサス州在住、ジョアン・パークスによるとこの髑髏はテレパシーが使え、自ら「マックスである」と名乗ったという。画像は【ｗｅｂ】「"MAX", The Texas Crystal Skull」より。

※⑤**画像の出典…**左写真：南山宏『オーパーツ こんなものがなぜ存在する①』（岩崎書店、2002年）より。右写真：【ｗｅｂ】「Graham: Chuck's brain marvels over head cases & crystal skulls」より。

※⑥**ブリティッシュ・スカルの製造場所…**製造場所としては、宝石細工で有名なドイツのイーダー・オーバーシュタインという街で作られたとの説が有力。

※⑦**画像の出典…**【ｗｅｂ】「Ursi's Eso Garden」より。

※⑧**ジョー・ニッケル…**アメリカの超常現象研究家。マジシャン、探偵などの職業を経て、本格的な超常現象の調査を生業とするに至った。これまで数々の超常現象を解明している、その世界の第一人者である。日本で翻訳されている著書に『ニッケル博士の心霊現象謎解き講座』（太田出版・2000年）『オカルト探偵ニッケル氏の不思議事件簿』（東京書籍・2001年）がある。

※⑨**ジョン・F・フィッシャー…**フロリダ州オレンジ郡警察署鑑識研究所の法医学分析官。法医学鑑定専門の民間

研究所の社長も務めている。

※⑩**モノグラフ…**研究をまとめた論文やレポートのこと。

※⑪**アンナも否定をしていない…**ただし、アンナはあくまでスカルは遺跡で発見したもので、借金のカタに貸していたら売られそうになったので慌てて買い戻しただけだと説明をしている。

※⑫**スミソニアン協会…**アメリカの学術団体。イギリスの化学者、ジェームズ・スミソンの遺産をもとに19世紀末に設立。本部はワシントン。3つの博物館の他、美術館や研究所などを運営している。

■参考文献：

皆神龍太郎、志水一夫、加門正一『新・トンデモ超常現象60の真相』（楽工社、2007年）
Joe Nickell with John F.Fischer『Secrets of the supernatural』（Prometheus Books, 1991）
ジョー・ニッケル『オカルト探偵ニッケル氏の不思議事件簿』（東京書籍、2001年）
並木伸一郎、山口直樹『クリスタル・スカルの謎』（学研、2008年）
ダニエル・コーエン『世界謎物語』（社会思想社、1990年）
クリス・モートン他『クリスタル・スカルの2012：超予言』（徳間書店、2008年）
並木伸一郎『オーパーツの謎』（学研、2002年）

5 古代の飛行機「黄金ジェット」

【黄金でできた南米の超有名オーパーツ】

推定年代
先コロンブス期
6世紀～9世紀頃

伝説

南米コロンビアの首都ボゴタにある黄金博物館には、世界的にも有名な黄金ジェット[※①]と呼ばれるオーパーツが展示されている。この黄金ジェットはコロンビア北部のシヌー地方産とされ、直径は約5センチ。調査の結果、西暦500～800年頃につくられたものだと考えられている。

当初は鳥や昆虫を模した装飾品だとみられていたが、動物学者の[※②]アイヴァン・サンダーソン博士が鑑定したことで流れが大きく変わる。博士は黄金ジェットに機械的な属性を見て取り、「これは鳥や昆虫を模したものではなく、飛行機をモデルにしたものである」という仮説を考えついた。その後、博士は、この仮説の信憑性を確かめるため航空力学の専門家に鑑定を依頼。

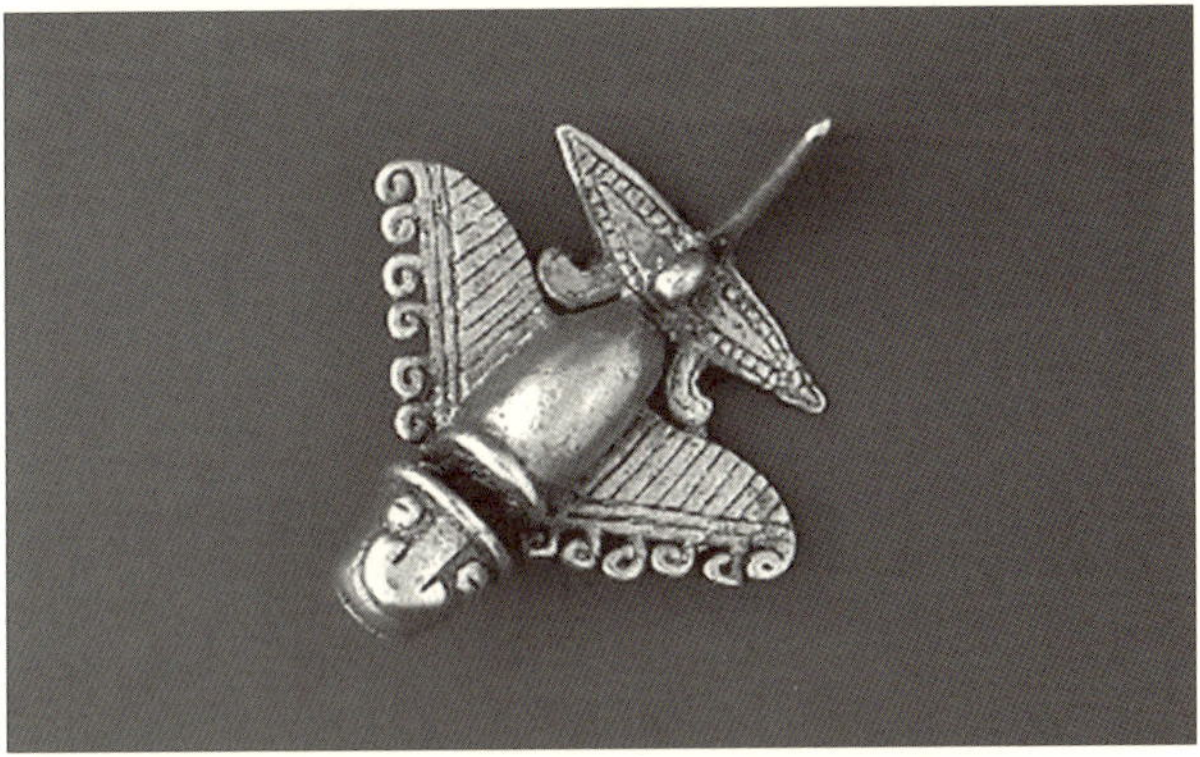
有名なオーパーツ「黄金ジェット」（※③）

すると複数の専門家から、航空力学の理にかなっているというお墨付きを得た。

そして1969年、『アーゴシー』誌に「古代南米には飛行機を持った文明が存在した」という記事を発表。黄金ジェットが飛行機を模したものであるという考えを世に知らしめた。

ちなみに1996年には飛行実験も行われている。ドイツのラグンド・エーンホーム博士とペーター・ベルティング空軍士官が黄金ジェットの忠実な模型をつくって実際に飛ばしてみたのだ。すると結果は見事に成功。黄金ジェットが古代の飛行機をモデルにしたものであることは実証されたのである。

真相

このオーパーツはサンダーソンの発表以降、根強

南米に生息するナマズの一種・プレコ。日本では超常現象研究家の飛鳥昭雄氏が黄金ジェットのモデルとしてプレコ説を最初に提唱したとされる。

い人気を保ってきた。オーパーツを扱った本では必ずと言っていいほど写真が掲載されている。ご覧になったことがある方も多いのではないだろうか。筆者（本城）はその黄金のデザインに魅せられた一人で、オーパーツの中ではクリスタル・スカルに次ぐ見栄えの良さを気に入っている。

さて、そんな黄金ジェットであるが、実は他にも大量に類似品の黄金細工が発見されているということは意外とあまり知られていない。他の黄金細工をよく見てみると、その多くは**羽やヒレがある鳥や昆虫、魚を模した**と思われるもので、生物的なデザインがほどこされていることに気づく。実は飛行機だといわれているものは、発見された黄金細工全体のごく一部だけである。普通に考えれば、そのごく一部が似ているのは偶然だと解釈するのが自然であるように思われる。

とはいえ、偶然だとしても何かをモデルにはしたはずだ。そのモデルには何が考えられるのだろうか。

これまで候補としてあがっているのは、**鳥、昆虫、トビウオ、プレコ（ナマズ）など**である。鳥や昆虫、魚などであれば、流体力学上、理にかなった形状をしていても不思議はない。航空力学の話もこういった形状に由来していると考えられる。

ちなみに右にあげたものたちはいずれにしても、モデルの忠実な再現にはなっていない。これは他の動物や昆虫の黄金細工であっても同様である。それらの黄金細工には、作り手のアレンジや独自のデザインが取り入れられていると考えられるのだ。そのため、細かいデザインに関してあれこれ言うのはあまり意味がないと思われる。

模型を持つエーンホーム（左）とベルティング（※④）

●模型は忠実な再現？

さて最後は、1996年に成功したとされる飛行実験について触れておきたい。これは黄金ジェットの忠実な再現模型を使って行われたという。

使用された模型は2種類。ひとつは16：1スケールでつくられたプロペラ機。翼の長さは1メートルで重さは750グラム。「ゴールド・フライヤーⅠ」と名づけられた。

もう一方は寸法は同じで、着陸用のタイヤに加え、ジェットエンジンが新たに搭載された。名前は「ゴールド・フライヤーⅡ」である。なかなかかっこいい名前だ。飛行実験は見事に成功したという。

ところがこの実験、実は**黄金ジェットを忠実に再現したものではなかった**ことがわかっている。飛びやすくするために、**模型の翼の幅を大きくしていた**のだ。さらに胴体部分もスマートに変更されていた。これでは残念ながら黄金ジェットの飛行実験としては意味がない。

とはいえ、この実験はなかなか手間がかかっている。世界にはこういった手間を惜しまずに行動に移す、愛すべきオーパーツファンがいる。それを知ることができたという点では意味があるのかもしれない。

（本城達也）

【注釈】

※①**黄金ジェット…**スペースシャトルのような形状から「黄金シャトル」と呼ばれることもある。

※②**アイヴァン・サンダーソン…**（１９１１〜１９７３）アメリカの超常現象研究家。ケンブリッジ大学で動物学、地理学、植物学を学ぶ。１９３２年、カメルーンの山中で未確認生物の怪鳥コンガマトーに襲われたエピソー

ドなどでも知られる。「オーパーツ」という用語の名付け親でもある。

※③画像の出典…【ｗｅｂ】Samantha Johnson「Ancient Airplanes Sleep With the Fishes」より引用。
※④画像の出典…【ｗｅｂ】TELEPOLIS「TP: Fliegende Amulette」より引用。

■参考文献：

南山宏『オーパーツの謎』（二見書房、１９９３年）
並木伸一郎『決定版 超古代文明オーパーツＦＩＬＥ』（学研、２００７年）
クラウス・ドナ、ラインハルト・ハベック『オーパーツ大全』（学研、２００５年）
レニ・ノーバーゲン『オーパーツの謎―消えた先史文明』（パシフィカ、１９７８年）
ムー特別編集『世界超文明大百科』（学研、１９８９年）
『不思議議古代大百科』（ＫＫワールドフォトプレス、１９８５年）
『Ｘ-ＺＯＮＥ』（No.19, デアゴスティーニ）
『ムー』（学研、２００５年８月号）
【ｗｅｂ】「OOPARTS & ANCIENT HIGH TECHNOLOGY-Evidence of Noah's Flood?」
【ｗｅｂ】TELEPOLIS「TP: Fliegende Amulette」
Robert Steven Thomas『Intelligent Intervention』（Dog Ear Publishing, 2011）

6 謎の鉄塊「ロンドン遺物」

【4億年前の地層から出土した特殊合金】

推定年代
オルドビス紀
約4億年
以上前

伝説……


アメリカ合衆国のテキサス州で、奇妙な遺物が出土した。

レッドクリーク渓谷の岩の中から、鉄でできたハンマー状の物体が発見されたのである。物体には、ハンマーの頭部と見られる鉄の塊の他、途中で折れた木製の柄までついており、まぎれもない人工物のように見える。

しかし、その出土した場所が問題なのだ。

出土したのは、いまから約4～5億年前の※①オルドビス紀に堆積したとみられる砂岩層。その頃の地球は古代魚など水中生物中心の時代で、類人猿はおろか、陸上に進出していた動物などいなかったのである。

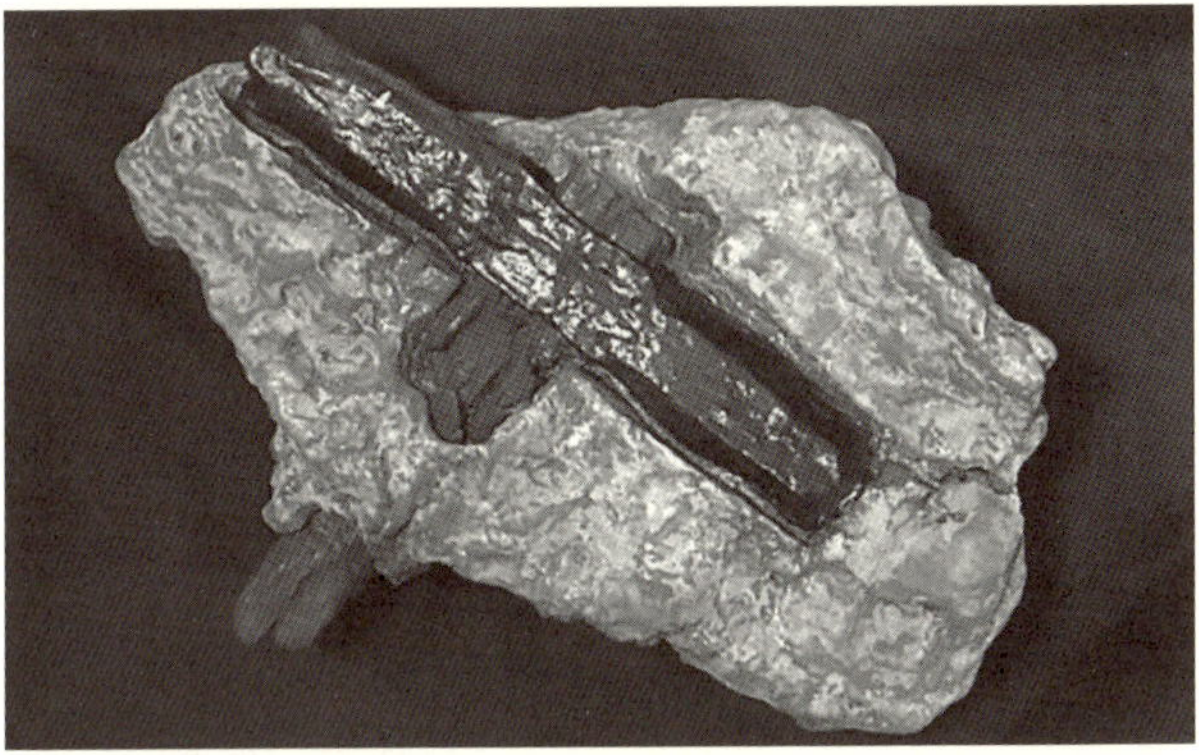

約４億年前の地層から見つかったという「ロンドン遺物」（※②）

ハンマーの金属部分の成分を分析したところ、鉄96・6％、塩素2・6％、硫黄0・74％、硅素0・06％という測定結果が出た。塩素を含んだ合金は、現代のテクノロジーでも作ることができないという。超古代に何者かがハンマーを作っていた、というだけでも驚きだが、現代から見てもその製造技術自体がオーパーツだったのである。

見た目は素朴なハンマー状の物体だが、これこそ超古代文明の結晶といえるだろう。

真相

このハンマー状の物体は、一般に「ロンドン遺物」と呼ばれている。ロンドンと言ってもイギリスのロンドンではない。アメリカのテキサス州にロンドンという町があり、その付近の渓谷で発見された

ロンドン遺物を所蔵する「創造の証拠博物館」。創造論者のカール・ボウが 1984 年にテキサス州グレンローズに設立した。

ために、そう呼ばれるようになった。

このロンドン遺物はすでに[※③]グレン・クバンによって調査されている。彼の調査報告を参考に、この遺物について考えてみよう。

この遺物が発見されたのは１９３６年6月。滝を見物するために渓谷をハイキングしていたハン一家が、木製の柄が突き出た小さな岩を見つけ、家に持ち帰ったという。

それから約10年後、ハン家の息子ジョージが「柄の突き出た石」を割り、石の断面にハンマー状の鉄塊が埋まっているのを発見した。物体はその後、「創造の証拠博物館」に収蔵され、１９８０年代からオーパーツとして知られるようになったという。

●ハンマーを包んでいた石の謎

まずハンマーを包んでいたという石について考えてみよう。

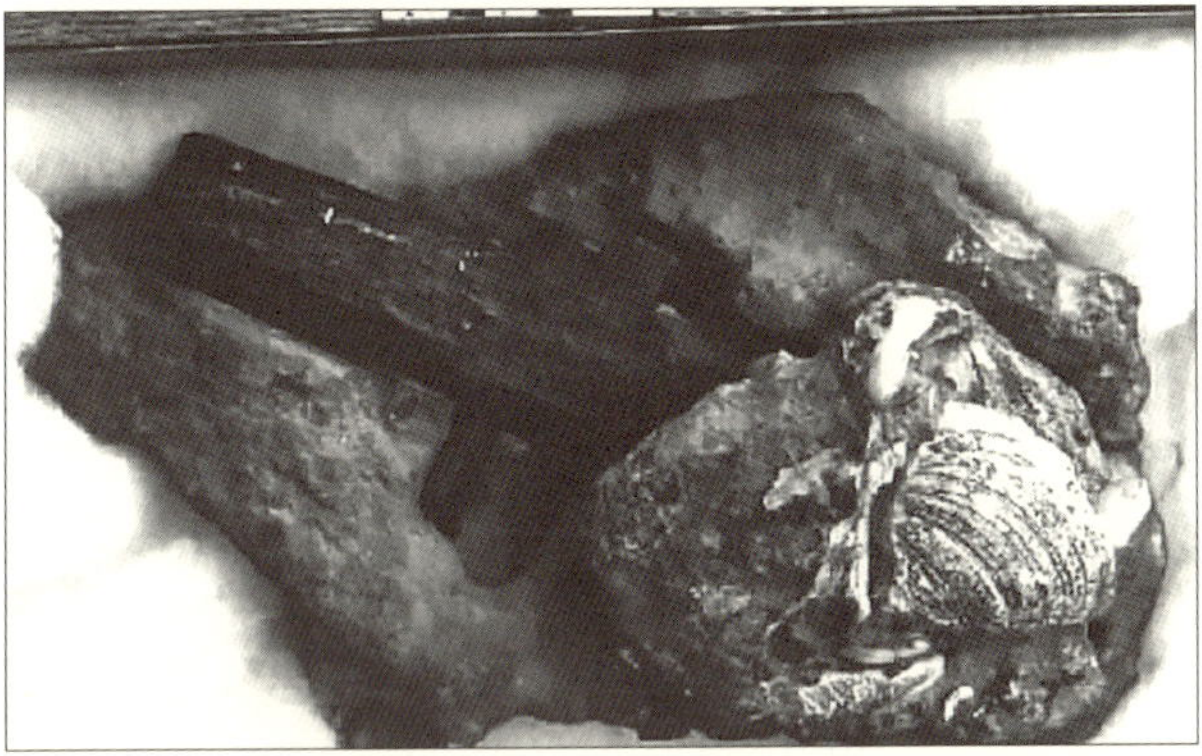
「ロンドン遺物」にはこの写真のように貝殻がついていた（※④）

レッドクリーク渓谷はエドワード高原にあり、露出している地層は中生代前期白亜紀アプト期に形成された石灰岩質の地層とされる。白亜紀アプト期とは、いまから約1億2500〜1200万年前。伝説にあるオルドビス紀とは、**3億年もの開き**がある。もっとも仮に1億2500万年前の遺物だったとしても、とてつもない発見だ。

しかし、残念ながらその線も薄いようだ。ハンマー家は「柄が突き出た石」を**拾っただけ**で、地層から掘り出したのではない。ハンマーを包んでいる石の形状を見ても、表面がスムーズで大きな岩床から切り出した痕跡はない。ハンマーが白亜紀の石の一部だった証拠はひとつもないのだ。

また、現存する木製の柄も大問題である。

木材は乾燥していれば、ある程度の期間はそのままの形を保つことができる。しかし、それでも1億年以上も形を保つ、というのは無理な相談だ。通常ならば化石になるか、腐って跡形もなくなるか、のいずれかである。

これだけはっきりした木質部が残っていれば、炭素年代測定法[※⑥]で検査することもできるがロンドン遺物ではまだ実施されていない。

どうやら、このハンマーが1億年以上前に作られた超古代の遺物とするには無理がありそうである。形状から見て、ハンマーは19世紀に現場付近で働いていた炭鉱労働者が忘れたものではないかと考えられている。

●ロンドン遺物のトリック

しかし、発見時、なぜかハンマー周辺には石がついていた。しかも貝殻らしきものまで付着している。超古代の遺物でないなら、なぜこうした現象が起きるのだろうか。

これも不思議でもなんでもない。考古学の現場では、鉄製の遺物が短期間で**コンクリーション**[※⑦]と呼ばれる作用を起こすことが知られている。

コンクリーションが起こるのは、なにも地中に限ったことではない。水が多い環境に高純度かつ大量の鉄があると、ミネラルと酸化鉄が作用し、驚くほど短期間のうちに大きく硬い殻を作ることがある。ロンドン遺物の発見場所は谷川に侵食された石灰岩の岩床だった。コンク

鉄のコンクリーションの例。砂浜にあったロープ留めの鉄輪がコンクリーションを起こしている（©Martyn Gorman）

リーションが起こる要素は充分に揃っているのだ。

　また、コンクリーションでは殻が形成される過程で、周囲にあるものを巻き込むこともある。石にある貝殻はその際に付着したものであろう。

　ではその鉄の部分が塩素を含んだ金属だったという点はどうだろう？

　これもこの鉄がコンクリーションを起こしていたことを考えると、不思議ではない。コンクリーションは腐食と同じイオンの働きなので、[※8]自然界の塩化物と反応する。そのため、塩素が検出されたのである。だが、そもそも塩化鉄は金属を溶かすために使われるものである。たしかに現在、塩素合金を作る技術はないが、それができたところでどれほど優れた素材であるのかも**不明**だ。

　以上、結論を言えば、ロンドン遺物は19世紀に使われていた鉄製のハンマーが、何らかの形でコンクリーションを起こしたものである可能性が高い。若干の年代のズレはあるかもしれないが、少なくとも超古代文明の遺産でないことだけは確かである。

オーパーツといえば超古代文明の証拠と考えがちだが、実際は大昔などない、進化などないといった考えをもっともらしく見せるために**創造論者によって創り出されたもの**も多い。このハンマーについてもノジュール※⑨の不思議さを味わった方が良いようである。

（ナカイサヤカ）

【注釈】

※①オルドビス紀…地質時代の区分。現在より約5億9000万年前から約4億4600万年前の地質時代を指す。広大な海の中で多様な生物が進化した時代で、最高捕食者の座にはオウムガイが君臨していたとされる。

※②画像の出典…【web】Glen J. Kuban「The London Hammer:An Alleged Out-of-Place Artifact」

※③グレン・クバン…オハイオ州在住の民間古生物学者。「サンダルで踏まれた三葉虫の化石」など、数々の調査を行っている。

※④画像の出典…【web】Glen J. Kuban「The London Hammer:An Alleged Out-of-Place Artifact」

※⑤白亜紀アプト期…中生代白亜紀の全12区分のうちの前から5番目。現在より約1億2500万年前から約1億1200万年前の地質時代。この頃の地球は動物や植物の進化が進み、その種類も飛躍的に増加した時代で、胎生の哺乳類や真鳥類なども誕生している。

※⑥**炭素年代測定法…**大気中には一定濃度の放射性炭素（Ｃ14）があり、植物は光合成を通じてこれを取り込んでいく。そして光合成をしなくなった時点で放射性炭素は放射線を出しながら崩壊するばかりとなる。この半減期が約５７３０年であることを利用して、木材や炭素が何年前のものかを測定するのが炭素年代測定法である。現在は少量でより正確な測定が可能になっている。

※⑦**コンクリーション…**化石や砂粒などを核にして、炭酸カルシウムや珪酸などが集まり、地層中で凝固物ができる現象。

※⑧**自然界の塩化物と反応…**塩素は自然界に豊富な元素であり、塩によって鉄が錆びるときには塩化鉄ができる。

※⑨**ノジュール…**コンクリーションでできた塊のこと。

■**参考文献：**

【ｗｅｂ】「創造の証拠博物館ウェブサイト」（http://creationmuseum.org/）

【ｗｅｂ】Glen J. Kuban「The London Hammer:An Alleged Out-of-Place Artifact」

【ｗｅｂ】水中考古学／海事史研究「金属の処理」

【ｗｅｂ】飛鳥昭夫の大真実パートⅡ「足跡の中の足跡（前編）」

7 ミステリーストーンの謎

【イスラエルの失われた支族の記憶】

推定年代
先コロンブス期
17世紀
前半以前

伝説

風光明媚で豊富な自然環境で知られるアメリカのニューハンプシャー州[※①]。この地にあるニューハンプシャー州歴史博物館には、実に奇妙としかいいようがない展示物がある。高さ10センチ、横幅約5センチの卵型の石に、人間の顔やインディアンのテント小屋、トウモロコシ、槍、三日月などの模様が刻まれている。「ミステリーストーン」と呼ばれる正体不明の石である。

この石が発見されたのは、1872年のことだ。ニューハンプシャー州のウィニペソーキー湖の周辺で作業員がフェンスの柱を建てるために穴を掘っていたところ、土中から粘土質の土に包まれたミステリーストーンを掘り出したのだ。その後、石は作業員の雇い主の手に渡り、

北米に存在した高度な古代文明の証拠とされる、ミステリーストーン。ニューハンプシャー州歴史博物館に展示されている（©John Phelan）

1927年に博物館に寄贈されるまで大切に保管されてきたという。

ミステリーストーンは、その模様からインディアンやイヌイットなどのネイティブ・アメリカンが作ったのではないかとされている。しかし、不思議なことにアメリカのどこを探しても同様のものはひとつも見つかっていない。

また、石には現代から見ても非常に精密な加工が施されている。ニューハンプシャー州に入植者がやってきたのは1623年のことである。石がもしそれ以前に作られたのだとしたら、アメリカ大陸には現代では知られていない高度な技術を持った先住民族がいたということになる。

残念なことに、石を発見した作業員や最初の所有者はすでに亡くなっている。関係者がいなくなった今、はたしてこの謎が解かれる日はくるのだろうか。

真相

ミステリーストーンを所蔵するニューハンプシャー州歴史博物館は、ニューハンプシャー歴史協会という民間団体が運営している。

そのオフィシャルサイトには、博物館のページがあり、ミステリーストーンをでかでかとした写真とともに紹介している。どうやらこの石はニューハンプシャー州歴史博物館の人気の展示品らしい。

実は、このミステリーストーンは全米の注目を集めた時があった。

2006年にアメリカ三大ネットワークのひとつ、CBS※②がこの石の特集を組んだのである。特集では、ミステリーストーンの発見の経緯を紹介し、1994年に行われた地元の考古学者による調査の結果を報告していた。その内容を見てみよう。

特集によると、ミステリーストーンの発見の経緯は次のようなものだった。

1872年、ウィニペソーキー湖近くで柵の支柱を埋めるための穴を掘っていた作業員が、土中から妙な粘土の塊をみつける。

粘土を取り除くと、中から不思議な彫刻が施された丸い石が出てきた。作業員は雇い主であ

ミステリーストーンを収蔵するニューハンプシャー州歴史博物館（©John Phelan）

るセネカ・ラッドにその石を届けた。

当時発行されていた雑誌「アメリカンナチュラリスト」（1872年11月号）によると、ラッドは「相当数の遺物や標本のコレクション」[※③]を所蔵するマニアで、この発見を大変喜んでいたという。

しかし、そんなラッドも1892年に永眠。【伝説】にあるように、石は彼の娘によって1927年に博物館に寄贈されることになった。

ミステリーストーンの調査はニューハンプシャー州の職員で、考古学者のリチャード・ボイスバートが行った。ボイスバートの調査によると、石の上下には穴[※④]があいており、いくつかの傷がついていたという。

それらを詳しく観察した結果、傷は金属製の器具に固定された時につくものと類似しており、穴も**「19世紀か20世紀の動力加工機によってあけられ**

た」ものである可能性が高いということだった。

つまり、ミステリーストーンは古代の遺物ではなく、比較的新しい時期に作られたものだったのである。

●19世紀の古代インディアンブーム

ミステリーストーンが、古代の遺物である可能性は極めて低いことが分かった。

しかし、石が近代に作られた民芸品だったとしても、類似のものがまったく存在しない、というのは不思議である。いったい誰がどのような目的でこうしたものを作ったのだろうか。

その謎を解く鍵は、19世紀のアメリカ東部で起きた〝古代インディアン・ブーム〟にある。

アメリカはよく知られている通り、ヨーロッパを逃れた清教徒たちが作った国である。最初の入植者を乗せたメイフラワー号がやってきたのは、1620年。それ以来、信仰心にあついキリスト教徒たちが続々と押し寄せてきた。新たな生活の拠点に降り立った彼らは、そこで不思議としか思えない奇妙な遺跡を目にする。

それはもちろん、先住民であるインディアンの祖先が作ったものだったのだが、中にはこう考える者もいた。

「これが野蛮なインディアンの祖先が作った遺跡だとは思えない。ひょっとするとこれこそが

19世紀末に撮影された、アメリカ先住民の村の様子

イスラエルの失われた支族が※⑤**、自分たちよりも前にアメリカにたどり着いていた証拠**ではないか？」

こうした考えを持つ者は少なくはなかったようだ。実際、初期のアメリカ考古学では、各地でヘブライ語風の石碑が真剣に調査報告されており、マウンドと呼ばれる古墳についてもイスラエルの失われた支族の墓ではないか、と唱える者もいた。

アメリカのオカルトについて研究しているミッチ・ホロヴィッツによれば、19世紀のアメリカ東部では、太古のインディアンが失われた10支族の叡智を受け継いでいると信じ、その遺跡を探索することがブームになっており、占い師や霊能者を頼ることもあったという。ミステリーストーンが発見されたニューハンプシャー州を含むニューイングランド地方は、メイフラワー号が到着した〝**アメリカ建国の地**〟**であり、特にそうした傾向が強かった。**

ジョセフ・スミス・ジュニア

例えば、1830年にモルモン教を興したジョセフ・スミス・ジュニア[※6]も地元では「遺物を探し当てる少年霊能者」として有名だったそうで、霊能者の中には、遺物をでっちあげて発見したと言い張る者もいたという。つまり、19世紀のアメリカ東部では、〝謎を秘めた古代インディアンの遺物〟は充分、作るに値するものだったのである。

第一発見者の証言等があやふやであるため、断定はできないが、おそらくミステリーストーンもそうした**〝作られた遺物〟のひとつだった**のではないだろうか。

石の所有者だったラッドは、骨董品や標本集めに熱心な、アマチュア郷土歴史研究家だった。ラッドは喜んで、発見者の作業員にチップをはずんだことだろう。おそらく、ラッドに珍しいものを持っていけば良いことがある、というのは地元では有名な話だったはずだ。

さきほども述べたが、ニューハンプシャー州歴史博物館の運営母体は「ニューハンプシャー歴史協会」である。**アメリカの歴史協会というのは日本の郷土史研究会に近い**。研究者ももちろん加盟しているが、主体はあくまで市民で、開拓移民としてやってきた祖先と徐々に発展していった街の歴史を調査する、ということを活動の目的にしている。同博物館のミステリーストーン以外の特別展といえば、2011年は「ニューハンプシャーのキルト展」「犬ぞり探検家ウオルデンとそり犬チヌーク展」「市民が撮った歴史写真展」といった具合だ。

そうしてみるとミステリーストーンは昔のネイティブ・アメリカンの遺物というよりは、19世紀の町[※⑦]の不思議な出来事の証拠としての意味合いが大きいように思われる。

街にとっては、テレビの取材がきたり、観光客に足を運んでもらったりするための観光資源であり、もはや**郷土の伝説を象徴するひとつのモノ**なのだ。残念ながら古代の遺物ではないが、石は歴史がないとされてきたアメリカの意外な歴史を考える材料ではあるかもしれない。

（ナカイサヤカ）

【注釈】

※①**ニューハンプシャー州…**アメリカ合衆国北東部ニューイングランド地域にある州。1776年のアメリカ合衆国建国時には13州のひとつとして参加している。

※②**CBS…**1927年創立。アメリカ最大規模のラジオ・テレビネットワーク。日本では東京放送ホールディングス（TBS）と業務提携している。

※③**所蔵するマニア…**このころ、博物学は紳士のたしなみとして人気があり、雑多なコレクションを集めた「キャビネット　オブ　キュリオシティズ」と呼ぶ標本棚を所持する人も多かった。

※④**穴…**穴の大きさは、1〜2ミリ程度で、垂直にあけられていたとされる。

※⑤**イスラエルの失われた支族…**紀元前10世紀頃、古代イスラエル王国は10支族が統治する北のイスラエルと2支族が治める南のユダの2つに分かれた。やがて北王国はアッシリアに滅ぼされ、人々は南に逃げたり、アッシリア・バビロニアの人々と同化するなどして消えてしまう。南王国の人々は北の10支族はバビロンで信仰を守って暮らしていると信じていたため、10支族の末裔がどこにもいないのがわかったとき驚愕した。そして彼らはバビロンを離れて世界のどこかへ行ったのだという伝説が生まれた。日ユ同祖論の一部もこの流れを汲む。

※⑥**ジョセフ・スミス・ジュニア…**（１８０５〜１８４４）アメリカの宗教家。末日聖徒イエス・キリスト教会（通称：モルモン教）の創始者。15歳で神の啓示を受け、18歳頃から聖典となるモルモン書の執筆を始め、25歳で教団を設立。エルサレムからアメリカ大陸にやってきた人々がアメリカ先住民の祖先だと唱えた。

※⑦**町の不思議な出来事…**スティーブン・キングのホラー小説などにもよく登場するが、インディアンの遺跡で超常現象が起こるというのは、アメリカの一種の伝説になっている。背景には古代アメリカに謎の人々が住んでいたという考え方がある。

■参考文献：

【ｗｅｂ】「New Hampshire Historical Society（ニューハンプシャー州歴史博物館）」

【ｗｅｂ】「New England's 'Mystery Stone（ＣＢＳの記事）」

ケネス・フィーダー『幻想の古代史』（楽工社、２００９年）

Mitch Horowitz「Occult America : The Secret Histry of How Mysticism Shaped Our Nathion」（Bantam, 2009）

Jason Colavito「The Cult of Alien Gods : H.P. Lovecraft And Extraterrestial Pop Culture」（Prometheus Books, 2005）

【第二章】「ヨーロッパの超古代文明」の真相

8 【キリストの姿が写り込む奇跡の遺物】トリノの聖骸布は本物か

推定年代
紀元後
28年頃？

伝説 …………

人類史上、最も大きな影響力を及ぼした人物は？　と問われたら、「イエス・キリスト」の名を真っ先に挙げる人は多いことだろう。世に知らぬ人がいないイエスだが、どのような姿をしていたのかとなると実はほとんど分かっていない※①。聖書の中でもイエスの容姿について触れている記述は、きわめて少ない。

イエスとはどんな顔で、どんな姿をした人物だったのか。キリスト教徒でなくとも興味のあるところだろう。そんななか、２０００年前のイエスの姿を、そのまま今に伝えているという肖像が存在している。それが「トリノの聖骸布」と呼ばれる聖なる布だ。

聖骸布は、イタリアのトリノにある※②洗礼者ヨハネ大聖堂で厳重に保管されている。大きさは、

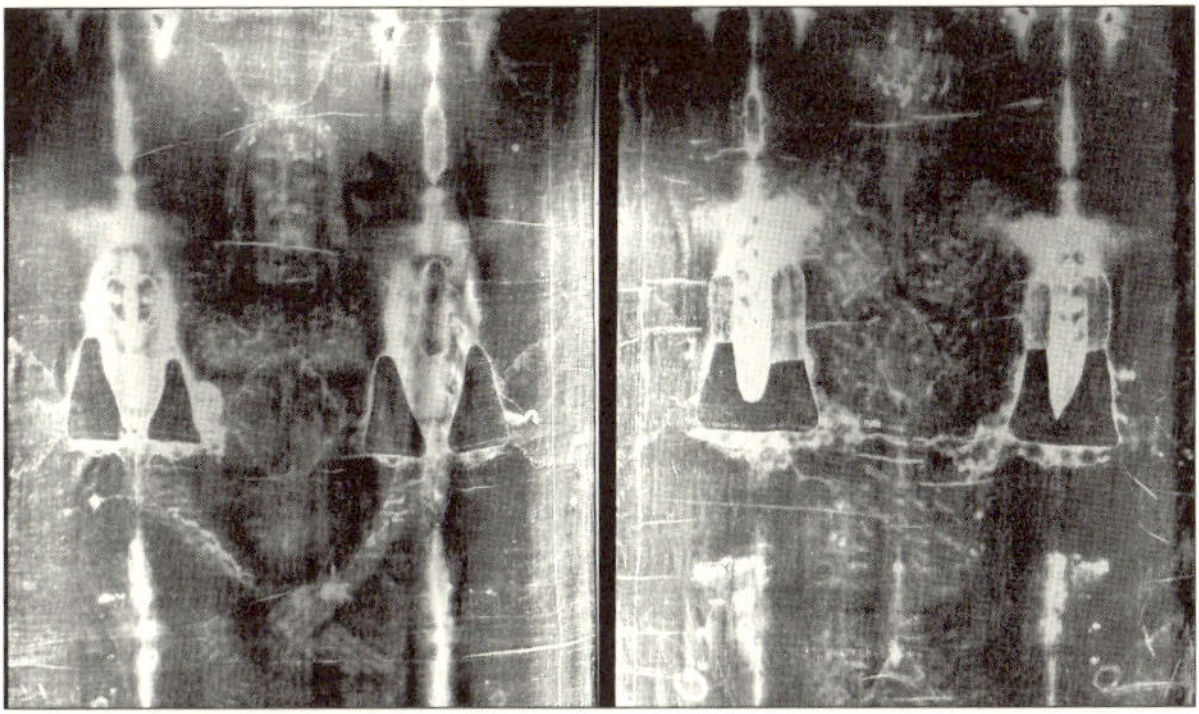

キリストの像が写り込んだとされる聖遺物、「トリノの聖骸布」。2010年にはヨハネ大聖堂で一般公開されている。

縦が4・36メートル、横幅は1・1メートルほどの長方形の長いリネンの布で、その表面に全裸の男性の前向きと背面の像が、うっすらと浮かび上がっている。

聖骸布の像が一躍有名になったのは、110年ほど前の1898年5月のことだ。この年、トリノのアマチュア写真家だったセコンド・ピアが、聖骸布の写真を撮影した。聖骸布に人物像が写っていることは、以前から知られてはいた。だが像は薄くぼやけてしまっていて、その細部はほとんど分からない状態だった。

だがピアの写真によって状況は一変した。ピアが撮影した聖骸布のネガ像には、髭を生やした長髪の男性像がくっきりと浮かび上がっていたのだ。聖骸布の像がぼやけて見えていたのは、いままで白黒が反転した状態で像を眺めていたためであった。

以後、ピアが撮った写真をもとに色々な分析が行われた。写真に写る人物の手首には釘を打ち込まれた跡があり、肩には十字架を背負ったと思われる傷がついており、頭にはイバラの跡が、背中にはローマ時代の鞭で打たれた傷跡があった。脇腹には槍で刺されたと思われる傷も残っていた。これらのいずれもが聖書のなかで、磔にされたイエスの体に残された傷と記述が一致していた。

2013年11月7日にNHK・BSで、聖骸布の検証番組『幻解！ 超常ファイルダークサイド・ミステリー』※③が放映された。番組では、イタリアの国立研究機関のフラスカティ研究所が試みている、レーザー光線を使って聖骸布を作成する実験を紹介していた。布の表面にレーザーを照射することで、0・2マイクロメートルの深さだけ布を変色させることに成功したが、聖骸布の像の再現には失敗していた。

この研究所のパウロ・ディ・ラッザロ主任研究員は、聖骸布について「これを中世に作り出すのは不可能だと思う」と番組内で証言していた。つまり、聖骸布は、現代の最先端のレーザー技術をもってしても再現不能な神の布なのだ。

真相

トリノの聖骸布は、本当にイエスの亡骸を包んだ布なのか。布の表面に浮かび上がっている人物像は、本当にイエスの姿なのか。この疑問に終止符を打つため、1988年に[※④]炭素14法による聖骸布の年代測定が実施され、その論文が翌年、もっとも権威がある科学論文誌『ネイチャー』誌に掲載された。この論文によれば、聖骸布が作られた年代は、95％の確率で**「1260年から1390年の間」**だと結論された[※⑤]。

現在、聖骸布を所蔵しているトリノのヨハネ大聖堂

つまり、聖骸布は**中世に作られたまがい物**であり、紀元前後に生きていた**イエスとは無関係**ということが証明されたわけだ。

聖骸布がイエスの姿を写す布だといっても、イエスが磔になった直後から存在が知られていたわけではない。世に現れたのは、どういうわけかキリストが死んでからずっと後の**14世紀になって**のことだった。

聖骸布が初めて歴史に登場したのは1350年代。パリから南東に150キロほど離れた小都市リレーの聖堂で、巡礼者に対して本物のイエス像だとして公開されたのが最初だった。

炭素同位体の測定で示された「1260年から1390年の間」という時期は、聖骸布が世に現れた時期とぴったり一致している。当時、聖骸布の正体に疑問を抱いた司祭が調査を行い、「画家が金目当てに描いたものということが立証された」とする報告書を、時のローマ教皇であるクレメンス7世[※⑥]宛てに提出している。教皇もこの報告に基づいて**「聖骸布は描かれたもので、真実のイエスを覆った布ではない」**と公言していた。このことは聖骸布に関するビリーバー系文献では無視されていることが多い。

今では聖骸布を本物のキリストの像と見なすことはかなり難しくなった。現在では聖骸布の謎解きは、イエスの時代のものかどうかということより、いかにして謎の像を作り出したのかという、その制作方法へと謎解きが移ってきている。

聖骸布の像をイエスの姿だと信じる人々は、イエスの遺体から核爆発のような閃光が発せられて、その陰がネガ画像となって布に焼き付いたのではないかと主張している。だがなぜ遺体から、そんな閃光が発せられたのかという点を、まともに説明できた人は誰もいない。

像の生成方法に関する仮説は色々あるが、最近のトレンドのひとつは**写真説**だろう。

インターネット上でこの自説を公開しているニコラス・アレン博士によれば、聖骸布の像は、石英とアンモニア、それに硝酸銀か硫酸銀のどちらかという、13世紀の人間でも利用できた、ごくありふれた化学物質で作られた写真なのだという。

しかし、長さ4メートルもある聖骸布をフィルム代わりに使うとなると、カメラの大きさも半端ではなくなる。小さな小屋を丸々一軒「カメラ」に使うことが必要となる。

アレン博士によれば、聖骸布の像の作り方はこうだ。まず、0・5%程度に薄めた硝酸銀などを染み込ませたリンネルを小屋の内壁に張り、反対側の壁に穴を開け、その穴に直径6センチくらいの石英製の凸レンズをはめこむ。後は、スクリーンと対称となる小屋の外側に被写体となる死体を吊るし、炎天下でトロトロと数日掛けて写真を撮っていき、塩化銀が十分に反応したら、後は5%程度※⑦のアンモニア水で銀を洗い流せば、聖骸布の出来上がりというわけだ。

16世紀の絵画に描かれた聖骸布

だが、この写真説の最大の弱点は、聖骸布が作られた14世紀には、**写真技術などそもそもなかったという点**にある。野外の景色が針穴で上下逆転像になることを、レオナルド・ダ・ヴィンチが説明したのは、聖骸布が世に現れてから130年も経った後のことだ。さらに単なる穴の代わりにレンズを使うことに気づいたのが1589年、初めて印画紙を

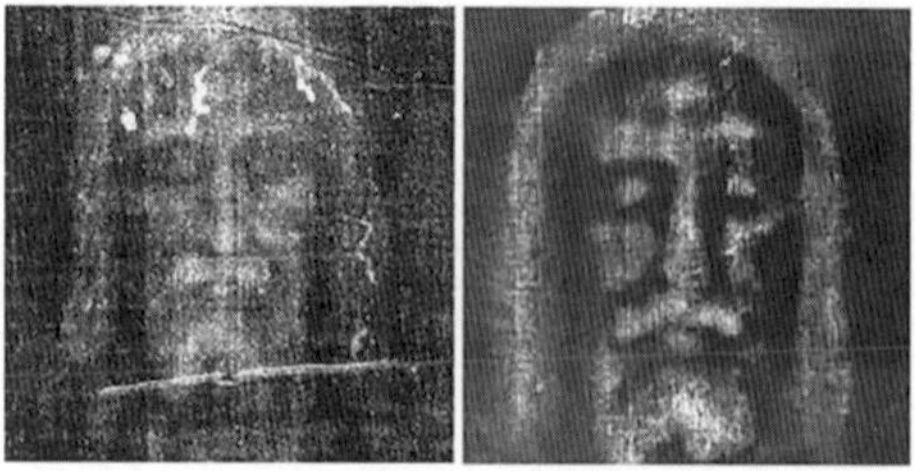
聖骸布のキリスト像（左）とガラスチェリの再現（右）（※⑧）

使ったのが19世紀初頭、そして現代の写真術をルイ・ダゲール[※⑨]が確立したのは１８３９年になってからのことだ。

そもそも聖骸布は単なるネガ画像ではない。もし普通のネガ画像ならば、イエスの頭の毛も白く反転して写っているはずだ。だが聖骸布にある像の頭髪は、黒いまま。これでは**体はネガだが頭髪はポジ像**という奇妙なことになってしまう。単純な写真説は、成り立ちがたいのだ。

また、ＮＨＫの『幻解！　超常ファイル　ダークサイド・ミステリー』でのレーザーを使った聖骸布の再現実験は、そもそも再現実験になっていない。もし実験のもくろみ通り、レーザーで聖骸布が描けたとしたら、その時は「聖骸布はレーザーを使って作られた」とでも主張するつもりだったのだろうか？　人類がレーザー発振に初めて成功したのは１９６０年のことだ。その１９００年以上も昔に生きていたイエスが、どうしたら全身からレーザー光線を発することができたというのだろう？

なにもレーザーや写真術など、当時の時代の制約を無視したような奇説を立てなくとも、聖骸布の再現はできる。懐疑論者のジョー・ニッケル（44ページの注釈参照）は、**石膏像に油を塗ってその上に布を押しつける**という、まことに単純な方法によって、聖骸布とよく似た画像が作り出せることを実証している。

また、イタリア・パヴィア大学のルイージ・ガラスチェリ教授も2009年に、浅い透かし彫りの像を布の下に敷き、その上を染料の付いたタンポンで摩ることで像を浮かび上がらせ、オーブンで焼いて古代の布らしさを出した後に布の染料を洗い落す、という方法で**聖骸布そっくりの像を作ることに成功**（右ページ写真）している。

（皆神龍太郎）

【注釈】

※①**キリストに関する同時代の記述**…聖書を除けば、イエスに直接言及している歴史的資料は極めて少ない。キリスト教美術のキリスト像も、実際の姿を描いたものであるかは、不明。

※②**洗礼者ヨハネ大聖堂**…イタリアのトリノ市にある聖堂。市民からは「ドゥオモ」の愛称で親しまれている。2010年に聖骸布が一般公開された際には、6週間で約260万人もの観衆が訪れたという。

※③**『幻解！　超常ファイル　ダークサイド・ミステリー』**…NHK・BSプレミアムで不定期放送している超常現象検証番組。出演は栗山千明。これまでUFOやノストラダムスの予言、ツチノコ、超能力などを取り上げて

いる。

※④**炭素14法による聖骸布の年代測定…**データがねつ造されたという批判を招かないために、聖骸布のサンプルはオックスフォードなど世界的に著名な3ヶ所の独立研究機関へと送られ、酸、アルカリ、洗剤といった各種方法で洗浄後、一斉に年代測定が行われた。さらに各研究機関には、聖骸布とよく似た亜麻布が一緒に送られた。心理的な思いこみのバイアスが掛からないようにするため、どれが本当の聖骸布なのかわからないようにした状態で測定が行なわれるように配慮されたのだ。万全を期すために、聖骸布からサンプルが切り出されて各大学に配布されるまでの全過程もビデオに収められている。

※⑤**年代測定への異議…**年代測定については、テキサス大学サンアントニオ校のレンシオ・A・ガルサバルデス教授らが、聖骸布のサンプルにバクテリアの層ができていたため、年代が新しく出た可能性があるとする「バクテリオコート」説を唱えている。この意見は1991年にネイチャー誌にも掲載された。しかし、バクテリアのおかげで聖骸布が世に現れた時期と同じ年代の測定結果が出たというのも、偶然にしてはできすぎた話のため、1998年の測定結果を覆すにはいたっていない。

※⑥**クレメンス7世…**（1478～1534）第219代ローマ教皇。在位は、1523～1534。フィレンツェの名門メディチ家の出身で、芸術に理解を示し、ミケランジェロにシスティーナ礼拝堂の壁画を依頼するなどした。

※⑦**アンモニア水…**アンモニアによる後処理について、アレン博士は「オシッコでもよい」としている。「写真説」の他の論者であるリン・ピグネットらもまた、実験の結果「最も聖骸布に似た像ができたのは、尿を使ったときだった」と記している。聖骸布の像が、オシッコで洗った跡というのは、ちょっとあんまりな気がする。

※⑧**画像の出典…**【ｗｅｂ】REUTERS「Italian scientist reproduces Shroud of Turin」

※⑨**ルイ・ジャック・マンデ・ダゲール…**（１７８７～１８５１）フランスの写真家。舞台の背景画家などを経て、写真の研究を開始。１８３９年に銀板写真を発明。終身年金をもらう代わりに技術を公開し、以降、写真の技術が急速に広まっていくことになった。

■参考文献：

イアン・ウィルソン『最後の奇蹟　トリノの聖骸布』（文藝春秋、１９８５年）
リン・ピクネット、クライブ・プリンス『トリノ聖骸布の謎』（白水社、１９９５年）
「Pollens on the 'Shroud'：A Study in Deception」『Skeptical Inquirer』（1994, Summer）
『Shroud of Turin』（A&E Home video,1995）
P.E.Damen et al「Radiocarbon dating of the Shroud of Turin」『Nature』（337,611-615）
Joe Nickell『Camera Clues』（The University Press of Kentucky, 1994）
Gordon Stein『Encyclopedia of Hoaxes』（Gale Research Inc.）
Terence Hines『Pseudscience and the Paranomal』（Prometheus Books, 1988）
（邦訳『ハインズ博士「超科学」をきる』化学同人、１９９５年）
ロバート・K・ウィルコックス『謎の聖骸布』（サンポウジャーナル、１９７８年）
「総力特集『聖骸布』とイエス復活の秘密」『ムー』（学研、２０１３年３月号）
【ｗｅｂ】「The Shroud of Turin website」
【ｗｅｂ】「The Shroud of Turin Research」

9 【謎に包まれた神秘の巨石建造物】 謎の遺跡「ストーンヘンジ」

推定年代
先史時代
4800年～
3500年前

伝説……

イギリス南部、ソールズベリー平原にある巨大な環状列石、ストーンヘンジ。

この遺跡は、現在でもまったく謎が解明されていない。

ストーンヘンジは世界各国に点在するストーンサークルの中でも最大級のもので、高さ最大6メートル、重さ最大50トンにもなる80個以上の巨石で構成されている。作ったのは古代ケルト人[※①]だとされており、これまでの研究では紀元前2800年、紀元前2300年、紀元前1500年の3期にわたって建設されたと考えられている。そのうち、第2期で使われたブルーストーンという石は、遺跡から400キロ以上離れた山脈のものだとされている。それほど離れた山脈の石をどうやって運び、どうやって組み上げたのか、その方法はまったく分かっ

ユネスコ世界遺産にも指定されているストーンヘンジ（©Guenter Wieschendahl）

ていない。

１９６３年には、この謎の遺跡に新たな可能性があることが発表された。

ストーンヘンジはそれまで古代ケルト人の祭祀場だと考えられてきたが、ボストン大学のＧ・ホーキンズ博士が天体観測所であったことを証明したのである。

博士によれば、夏至の日の出の瞬間に、遺跡中央の祭壇・ヒールストーン※②・太陽が一直線に並ぶという。それだけでも驚きなのに、ストーンヘンジには日食の計算までできる古代の天文コンピューターだった可能性もあるというのだ。

今から４０００年以上も前の古代ケルト人が、なぜそうした知識を持っていたのか。知れば知るほど謎の遺跡である。

真相……

世界には未だ解明されない遺跡は数多くある。しかし、その中でもストーンヘンジほど〝神秘的〟なイメージを持つものは少ないだろう。

この遺跡が発見されたのは、いまから1500年以上前の5世紀。ヨーロッパ大陸からブリテン島にきたアングロサクソン人[※③]がこの環状列石を見つけた時には、すでに周囲に人影はなく、放棄されてから数百年は経っていた。もちろん、謎を解き明かす古文書のような手がかりはまったく残っていない。

だが、ストーンヘンジの研究は、近年になって急速な進歩を見せ、大きな成果を上げている。遺跡の謎はどこまで解明されているのか。最新の動向を紹介しよう。

●土塁から環状列石へ…

ストーンヘンジの研究が大きく進展したのは、1990年代に入ってのこと。地元エイブリーのアレクサンダー・ケリー博物館などが中心となり、それまでの調査の再検討を行った結果、ストーンヘンジの建設過程がほぼ判明したのである。

同調査団によると、ストーンヘンジの建設が始まったのは**紀元前3500年の新石器時代**。

石ではなく、土を円形に盛った土塁が最初で、それから**青銅器時代までの1500年間**をかけて、木製のサークルから石のサークルへと発展していったという。つまり、ストーンヘンジは長い年月をかけ、段階を経て作られたものだったのだ。

17世紀頃中頃に描かれたストーンヘンジの絵画。ストーンヘンジという存在は、古くから関心の的だった。

また、2000年以降に始まった※④広域調査プロジェクトでは、ストーンヘンジのあるソールズベリー平原一帯で、ストーンヘンジ以外にも木製や石でできたサークルがあった痕跡が見つかった。はっきりしたことはまだ分かっていないが、どうやらソールズベリー平原には複数のサークルが存在していたようなのだ。

では、ストーンヘンジはいったい何者が作ったのだろうか。

ケルト人がブリテン島に渡ったのは紀元前10世紀~4世紀の鉄器時代※⑤。ストーンヘンジの建設はそれよりもずっと古いため、ケルト人やその宗教であるドルイド教は無関係だ。現在では、ケルト人以前にブリテン島にいた先住民らによるものではないか、と考えられている。

その一つの答えとなりそうなのが、**「ダーリントンウォール」**と呼ばれる遺跡である。この遺跡が発見されたのは、2007年。ストーンヘンジから3キロほど離れた場所に、数百人が暮らしていたであろう、土塁で囲まれた大規模な集落跡が見つかったのだ。

遺跡からは大量の動物の骨や器などが出土した。他の遺跡との比較や年代測定の結果から、遺跡の年代はストーンヘンジが作られた頃と重なる、紀元前2500年から2400年頃のものだということが分かったのだ。調査にあたった考古学者によると、ダーリントンウォールは特別な活動のために人々が集まって過ごす場所で、住民たちはストーンヘンジの建設やストーンヘンジを使って何らかの儀式を執り行うために集まってきた可能性が高いという。

●石はどうやって運んだ？

「ダーリントンウォール」に集まった人々がストーンヘンジをつくったとしても、巨石をどのようにして運んだかという謎は残る。

ストーンヘンジに最初に立てられたのは、「ブルーストーン」※⑥と呼ばれる石である。

石切場はすでに判明しており、ソールズベリー平原から400キロほども離れた西ウェールズのプレセリ山地で、そこでは祭祀の跡もみつかっている。

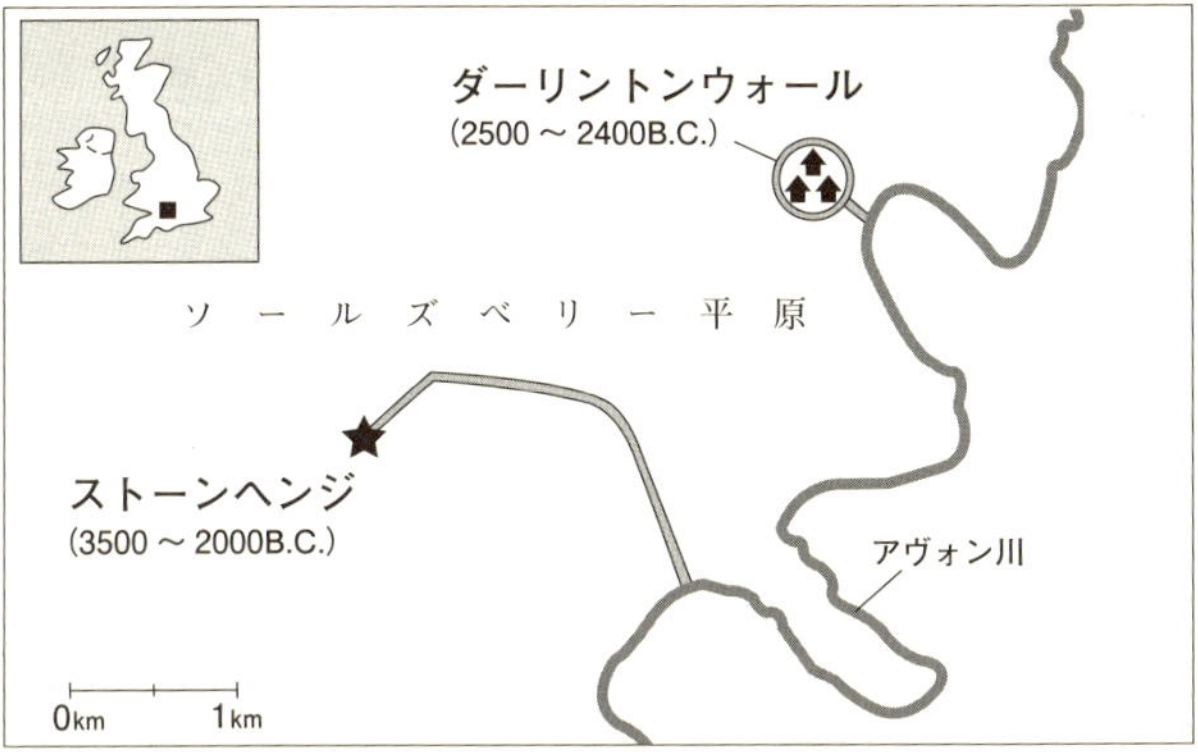

ストーンヘンジとダーリントンウォールの位置関係を示した図

外側に並ぶ切石は「サルセンストーン」と呼ばれる地元産の砂岩で、運び込まれた年代はブルーストーンよりも少し後になる。こちらはさらに巨大で、石には崩れにくいように溝が彫られるなど、組み合わせのための加工まで施してある。

石の運搬法や組み立て方については研究者の間でもまだ議論が続いているが、エジプトのピラミッドのように、一見、動かすことが不可能に思える巨石もある程度の技術と道具、そして人手があれば運ぶことはできる。※⑦ 今、焦点となっているのは石の輸送ルートだが、これもいずれ解明されるだろう。

われわれ現代人は古代人と聞くと、つい自然の中で原始的な暮らしをしていたと考えがちである。しかし、ソールズベリー平原では大規模な埋葬や祭祀といった**発展した社会的生活が営まれていた痕跡**がある。彼らがストーンヘンジを作ることができるだけの技術や道具、そしてある程度成熟した複雑な社会を持っていた可能性は高いだろう。

●ストーンヘンジの目的は?

最後にストーンヘンジの目的についても触れておこう。

多くの研究者にとってストーンヘンジの目的は、長年の関心の的だった。だが、遺跡の目的は現在でも判明しておらず、新しい説が生まれては消えている状態だ。

たとえば、2008年4月にはイギリスのBBCが「ストーンヘンジは治療と癒しの場だった」という説を紹介した。ホーキンズ博士の「天体観測所説」は、ストーンヘンジの最終的な形態を前提にしていたため、ストーンヘンジの変遷が分かると否定されたが、少なくとも石が太陽を意識して配置されていることは間違いないようである。いずれにしても**「これが真相」という見方はまだないのが現状**である。

現在、有力視されている説には、**「祭祀場」「葬儀場」「天体観測所」**といったものがある。だが、**その中から真相をひとつに絞ることは不可能**だろう。ストーンヘンジは長い時間をかけて、ゆっくりと作られたものである。それが果たした役割も、時代に応じて徐々に変化していったに違いない。

ストーンヘンジの周辺には、今でも夏至の日と冬至の日には多くの人が押し寄せる。地元民はもちろん、観光客、[※8]ネオ・ドルイド教、[※9]ネオ・ペイガン教などの非キリスト教系復興宗教信者、ニューエイジ系のスピリチュアル愛好者などが、日の出と日の入りを見ようとやってくるのだ。

この現象こそ、ストーンヘンジが何だったのか、という問題を一番よくあらわしているかもしれない。人がストーンヘンジを作り、それがまた人を呼び寄せる。ストーンヘンジは墓であり、祖霊廟であり、太陽の復活を祈る場所であり、儀式の要であり、病む人を安らげる術を行う場であり、技術を磨き伝えていくネットワークの要所でもあったのかもしれない。

21世紀もストーンヘンジからは目が離せそうにないのだ。

（ナカイサヤカ）

【注釈】

※①**ケルト人…**紀元前5世紀から紀元前1世紀にかけてヨーロッパで繁栄した民族。戦車や馬車を用いた。起源については諸説あり、アジア中原からヨーロッパに渡ったとするものもある。

※②**ヒールストーン…**ストーンヘンジの南西に置かれている巨大なサルセンストーン（イギリス中南でよく見られる砂岩の一種）の一枚岩。目印としてヘンジに至る道に置かれていたとされている。

※③**アングロサクソン人…**5世紀にドイツのアルゲルン、ユトランド、低地ザクセン周辺からブリテン島南東部に移動してきた人々で、イングランド人の祖先。ケルト語族とは異なるゲルマン語族の言葉を話し、彼らの言葉がやがて英語になった。

※④**広域調査プロジェクト**…ナショナルジオグラフィックが後援した「ストーンヘンジ・リバーサイド・プロジェクト」のこと。この調査ではストーンヘンジ周辺の遺跡をターゲットに発掘等が行われた。

※⑤**イギリスへの移住**…ブリテン島先住民（新石器・青銅器）→ケルト人（鉄器）→アングロサクソン人（鉄器）となる。

※⑥**ブルーストーン**…西ウェールズ産の玄武岩の一種。ただし、ストーンヘンジには合わせて10種類を超える石が使われているため、特定の石種を指すのではなく、曖昧な意味で使われていることが多い。

※⑦**巨石運搬実験の実例**…イースター島のモアイの実験では木製のそりを使い25人で10トンの石を運んでいる。日本でも古墳時代の巨石運搬具である木製の修羅（ソリ）が出土しており、再現実験でコロを使って36人で14トンの石を楽に動かしている。

※⑧**ネオ・ドルイド教**…廃れていたドルイド教を復活させたもの。イギリスの伝記作家であるウィリアム・スチュークリ（1687～1765）が復興を提唱した。ちなみにスチュークリはニュートンの友人で、引力のりんごが落ちたときにいっしょにお茶を飲んでいたとされる人物である。

※⑨**ネオ・ペイガン教**…キリスト教以前にあった自然信仰や多神教を復興しようとする宗教。

■参考文献：

【web】『ナショナルジオグラフィック日本版』（2008年6月号）
【web】「ナショナルジオグラフィックの特集と記事（日本語）」
【web】「Stonehenge builders' houses found（BBCの特集）」
【web】「ストーンヘンジ公式ページ」

10

【アララテ山で見つかった謎の木片】

ノアの箱舟の残骸

推定年代

先史時代

4300年

以上前

伝説

旧約聖書『創世記』[※①] 6～8章には、古代の地球を襲った大洪水について書かれている。人間たちが堕落し、地上に悪が増したのを目にした神は、人間だけでなく地上のすべての生きものを滅ぼすことを決意する。神はノアという心正しい男にだけはこのことを教え、大きな箱舟を造り、そこにノアとその家族、それに地上の動物をひとつがいずつ乗せるように指示する。

ノアが箱舟を完成させると、神は地上に洪水を起こす。40日間、雨が降り続き、すべての山は水中に没した。地上の生きものは死に絶えた。ノアと彼の家族、それに動物たちを乗せた箱舟は海上を漂ったが、150日後には水が引きはじめ、現在のトルコにあるアララテ[※②]山の山頂に漂着した。地上が完全に乾くと、ノアの家族と動物たちは外に出て、全世界に広がった。

一見、ただの神話としか思えないノアの箱舟だが、アララテ山でその残骸を発見したという話がしばしばある。

1973年には、地球観測衛星ランドサット1号が撮影した写真に、箱舟が写っているのが発見された。

1977年には、素人考古学者ロナルド・エルドン・ワイアットのチームが現地を訪れ、船の形の巨石を発見した。彼はノアの箱舟に使われていたと思われる錨石《いかりいし》も発見した。その石にはロープを通す穴が空いていた。

1984年、ジョージ・ジャマルはアララテ山を探検し、氷河の底で木材を発見したと報告した。これはCBSのドキュメンタリー番組でも取り上げられた。

2010年4月には、トルコと中国のキリスト教福音派の探検チーム「ノアズ・アーク・ミニストリーズ・インターナショナル」が、アララテ山の標高約4000メートルの地点で、箱舟らしき構造物を発見したとして話題になった※③。採取された木材を炭素年代測定法で分析したところ、4800年前のものと判明したという。

真相

英『ディリー・テレグラフ』誌（1965年9月）に掲載されたアララテ山で発見されたというノアの箱舟の写真（※④）

アララテ山の位置

●ノアの箱舟はありえない

計算してみると、ノアの箱舟というのはまったく**非現実的な代物**であることが分かる。

『創世記』第6章によれば、箱舟の大きさは長さ300アンマ[※⑤]、幅50アンマ、高さは30アンマだという。そこからノアの箱舟のサイズは、長さ140〜180メートル、幅23〜31メートル、高さ14〜18メートルということになる。

これは排水量数万トン、ちょっとした**戦艦並みの大きさ**である。木造建築物でイメージしてみると、法隆寺の金堂が幅29メートル、奥行き26メートル、高さ20メートルなので、その4倍以上の大きさということになる。これをノア[※⑥]の家族8人だけで建造したというのだ。聖書の中では、この時代の人間の寿命は長いことになっているが、それにしても無理のある話である。[※7]

『創世記』第7章によれば、地上のすべての山が水で覆われたという。世界の最高峰であるエベレスト山の標高は8848メートル。40日間の雨で水位がこの高さに達するには、1時間の雨量は9000ミリ（9メートル）を超える。1平方メートルあたり**毎分150リットル**の水が降り注ぐ計算である。[※8]こんなウルトラスーパー豪雨に木造の船が耐えられるわけがない。また、それだけの水がどこに消えたのかも分からない。

最大でも10万立方メートルの容積しかないこの船に、4300種の哺乳類、8000種近い爬虫類、9000種近い鳥類をどうにか詰めこめたとしても、世話はどうしていたのだろうか。『創世記』によれば、雨が降りはじめてノアの家族や動物たちが箱舟に乗りこんだのが2月17日。箱舟がアララテ山に漂着したのが7月17日。水が引いて地上が乾いたのが翌年の1月1日。ノアたちが箱舟から出てきたのが2月27日。つまりノアたちは丸1年間、箱舟の中で生活しながら、動物たちに餌を与え、糞の始末を続けていたことになる。2匹ずつ約2万種、計4万匹の動物を8人で世話するのだから、**1人が5000匹を担当**しなくてはならない。

餌はどれぐらい必要だろうか。[※9]上野動物園には498種3000匹の動物が飼われているが、それらを養うために、1年間に1400万円分の青草、8000万円分のアジ、740万

アメリカの画家、エドワード・ヒックスの「ノアの箱舟」。箱舟にはノアー家の他に、約２万種もの動物のカップルが乗り合わせた、とされている。

円分の馬肉、４００万円分の乾草、２９０万円分のサツマイモ、２２０万円分の藁などが必要だという。ノアの箱舟の場合、その10倍以上が必要だったはずだ。これだけの量の餌となると、船に積むことや一年間保存することはもちろん、そもそもたった8人で調達することすら不可能だろう。

●「箱舟」を偽造する者たち

「ノアの箱舟を発見した」と主張する者たちの証言の多くは、**嘘や間違い**であることが判明している。

ランドサット1号の地表解像度は80メートルしかない。ノアの箱舟が１８０×30メートルの大きさだとしても、ランドサットの映像には2～3ピクセルの大きさでしか写らないことになる。ランドサットが箱舟の形をしたものを撮影するなどありえないのだ。

ワイアットが発見したというノアの箱舟の残骸は、周囲の岩の材質と同じものであり、自然の地形にすぎないことが判明している。「錨石」もキリスト教とは関係なく、異教徒が礼拝に使っていた石碑で、穴はランプを置くためのものだった。[※10]

ジョージ・ジャマルは、自分の話がすべて作り話だったと発表した。彼の提出した「箱舟の破片」は、カリフォルニアのロングビーチの線路で見つけた木材を、ソースに浸してオーブンで調理し、古く見せかけたものだった。また、ジャマルの話の中にはAllis Buls Hitianという人物が出てくる。これはLを追加して切れ目を変えると「All is bullshit」(すべてデタラメ)になる。

2010年4月の発見も、ニュースが報道された直後、探検隊に参加した考古学者のランドール・プライスが、すべてがフェイクであると発表している。問題の木材は、黒海の近くにあった古い建造物から取りはずされ、クルド人労働者の手でアララテ山まで運ばれ、組み立てられたのだという。

そもそも何千年も前の木造建造物が形を保っていること自体がおかしい。「氷河の底で氷漬けになって保存されていたのだ」と主張する者もいるが、[※11]彼らは氷河が年に何十メートルも移動することを知らないらしい。氷河の中に閉じこめられていた箱舟は、数千年のうちに山の麓

「ノアズ・アーク・ミニストリーズ・インターナショナル」が発表した「ノアの箱舟の残骸」。大きな話題を呼んだが正体は偽物だった。

まで運ばれているはずである。また、氷河は普通の川と同様、中央と両岸では流れる速さが違うので、大きな構造物はバラバラに壊れ、原形を保っていないだろう。

キリスト教圏の人間がノアの箱舟探しに熱中する背景には、「聖書に書いてあることはすべて事実に違いない」という信念がある。だが、実は聖書には、箱舟はアララテ山に漂着したとは書かれていないのだ。ヘブライ語の原文では「アララテの山々」と複数形になっている。アララテとは「ウラルトゥ」のヘブライ語読みである。ウラルトゥは紀元前9世紀から6世紀まで現在のトルコ東部に存在した王国で、ヴァン湖を中心に、現在のアルメニアやイランの北部をも含む広大な地域だ。ここにはたくさんの山があり、アララテ山はそのひとつにすぎない。

『ギルガメッシュ叙事詩』が刻まれた石板。この叙事詩にはノアの箱舟に酷似した寓話があるという。

また、ノアの箱舟の話には元ネタがある。古代メソポタミアの『**ギルガメシュ叙事詩**』[※⑫]の中に、そっくりなエピソードが出てくるのだ。

　ここでは神のお告げに従って箱舟を作ったのはウトナピシュティムという男である。船は7日間漂流し、ニシル山[※⑬]に漂着する。ウトナピシュティムは窓から鳩を放つが、地上に休む場所がないために戻ってきてしまう。

　これが『創世記』8章の「また、彼は水が地の表から引いたかどうかを見るために、鳩を彼のもとから放った」「鳩は、その足を休める場所が見あたらなかったので、箱舟の彼のもとに帰ってきた」というくだりと一致するのは明白である。

『ギルガメシュ叙事詩』が成立したのは紀元前2000年頃。『創世記』の成立はそれよりもずっと遅く、ユダヤ人がバビロンに捕らわれていた、いわゆる「バビロン捕囚」の時代（紀元前598〜538年）より後とされている。解放されたユダヤ人がエルサレムに帰還する際、洪水伝説も持ち帰られ、『創世記』に取り入れられたのだろう。

メソポタミア地方では、しばしばチグリス川が氾濫して大洪水を起こした。おそらくそうした災害の記憶が洪水伝説を生み出したのではないだろうか。

（山本弘）

【注釈】

※①**創世記**…古代ヘブライ語で書かれたユダヤ教、キリスト教の聖典、イスラム教の啓典である旧約聖書のひとつ。キリスト教の聖書研究者の間では、ノアの大洪水は紀元前２３７０年頃（または、紀元前３０００年頃）に起こったのではないか、と考えられている。

※②**アララテ山**…トルコ東部にある成層火山。標高５１３７メートル。周辺には古くからアルメニア人居住地域があり、同民族のシンボルとされていたが、17世紀にオスマン帝国が占領。19世紀末から20世紀にかけて、アルメニア人強制移住にともないトルコ軍による大量虐殺事件が起きたとされている。

※③**２０１０年のノアの箱舟の発見**…２０１０年４月29日付けのＡＦＰ通信の記事によると、発見された構造物はいくつかの部屋らしきものに分かれており、木製の梁があったことから、探検家らは「これはノアが動物を載せた船室ではないか」と主張。世紀の発見を「99％」確信しているという。

※④**画像の出典**…Ｊ・ミッチェル、Ｒ・リカード『怪奇現象博物館』（北宋社・１９８７年）より。

※⑤**アンマ**…アンマはキュビットとも呼ばれる古代の長さの単位。人間の肘から中指の先端までの長さを基準にし

ている。時代や地方によって差があるが、1アンマは46～61センチとされている。

※⑥**ノアの家族8人…**ノアと妻、3人の息子、その妻たち。

※⑦**この時代の人間の寿命は長い…**ノア自身も950歳まで生きたことになっている。

※⑧**記録上の最高降雨記録…**気象庁の雨の分類には8段階あり、もっとも水量が多い雨は「猛烈な雨」（1時間あたり80ミリ以上）。このレベルになると、「息苦しくなるような圧迫感があり、恐怖心を感じる」という。ちなみに、1分間あたりの最高降雨を記録したのは、カリブ海にあるフランス領グアドループ島。1970年には1分間あたり38ミリの雨を記録。1時間あたりに換算すると、2280ミリに匹敵する。

※⑨**上野動物園…**明治15年に開園した、東京都台東区の上野恩賜公園内にある日本最古の動物園。正式名称は、恩賜上野動物園。飼育する動物の数（約500種）も日本一で、ジャイアントパンダ、オカピ、コビトカバの世界三大珍獣の姿も見ることができる。

※⑩**ワイアットの発見…**創世記の記述は事実だと主張するキリスト教系団体ICR（創造科学研究所）やAiG（創世記の回答）でさえ、ワイアットの発見を否定している。ちなみにアメリカには「神が過去1万年ほどの間に、人間を現在のような姿で創造した」と考える人々が人口の44～47％近くいるという（ギャラップ社調べ）。ICRのようなキリスト教原理主義者の団体は、こうした考えを「創造科学」「ID（インテリジェント・デザイン）論」と呼び、公立学校の理科の時間に教えるべきだ、と主張している。

※⑪**氷河…**流動性を持つ氷。山岳地帯の氷河は、主として降り積もった雪が固まったもので、重力によってゆっくりと麓に流れ続けている。氷の流れが大地を浸食する力は大きく、山をU字形にえぐってU字谷やカールと呼ばれる地形を作る。北欧のフィヨルドも氷河が作った地形である。

※⑫**ギルガメシュ叙事詩…**紀元前2000年頃に成立したとされる古代メソポタミアの文学作品。古代メソポタミ

アに実在したとされる半神半人の王、ギルガメシュが永遠の命を求めて冒険を繰り広げる様を描いている。ウトナピシュティムと箱舟の話が登場するのは、物語の終盤。

※⑬**ニシル山…**ニムシュ山とも言う。現在のイラクのクルジスタン地方にある山。

■参考文献：

『ハンディー・コンコルダンス：新改訳聖書』（日本聖書刊行会、2009年）

アービング・M・クロッツ『幻の大発見』（朝日新聞社、1989年）

矢島文夫訳『ギルガメシュ叙事詩』（ちくま学芸文庫、1998年）

【web】AFP BB ニュース「「ノアの方舟」確率99・9%で発見と探検チーム、トルコ・アララト山頂」

【web】クリスチャントゥデイ「やはりおかしい？『ノアの方舟』発見説」

【web】「アララトはあるかあらぬか雲の涯（石陽消息）」

【web】「忘却からの帰還」

【web】「TOKYO ZOO NET」

11 アトランティス大陸の謎

【プラトンの記述に残る幻の超文明大陸】

推定年代
旧石器時代
1.2万年以上前

伝説

いにしえの時代、現代文明をはるかに凌ぐアトランティスと呼ばれる超古代文明が存在した。場所は「ヘラクレスの柱」の外側で、そこにはリビアとアジアを合わせたほどの大陸が存在していたという。

この大陸にはアトランティス人が住んでおり、彼らは非常に徳が高く、聡明で、テレパシーも使い、※①オリハルコンと呼ばれる超金属を自在に操って超文明を築いていたとされる。

しかしこれだけ高度な文明を誇っていたアトランティスにも終わりの時は訪れる。今から約1万2000年前に大地震と大洪水が大陸を襲い、わずか一昼夜のうちに海中に没して姿を消してしまったのである。

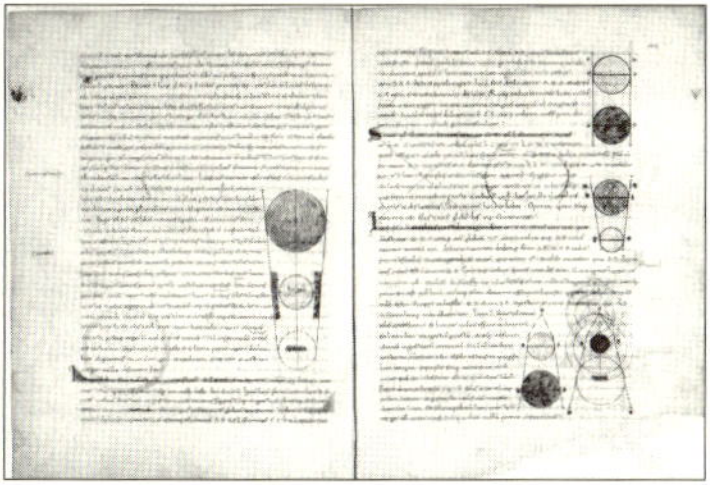

アトランティス伝説の発端となったプラトン（左）。右は紀元前４～５世紀のギリシャの天文学者カルキディウスがラテン語に翻訳し直した『ティマイオス』。

真相

超古代文明アトランティスといえば、世界一有名な伝説の文明であり、筆者（本城）もかつて大変ハマったくちである。

さて、そんな人気のアトランティス伝説も、元をたどると2冊の本にたどりつく。古代ギリシャの哲学者[※②]プラトンの著書**『ティマイオス』**と**『クリティアス』**である。

すべての話はここから始まるといってよい。ただし、プラトンの本には全然書いていないこともある。伝説で主張されるような、アトランティスが現代文明をはるかに凌ぐ超文明を築いていたという話である。これらは主に19世紀にベストセラーとなったアトランティス本に書かれていたことで、いわば**大きく盛られた後づけの話**である。

そのため、ここでは尾ヒレがついた話は扱わず、プラトンの原典をもとにしたアトランティス実在の可能性を探っていくことにしたい。

●アトランティスの場所と大きさ

まずはアトランティスの場所である。この場所がわかれば真相への道はぐっと近くなる。そこで『ティマイオス』をひも解いてみると、そこは「ヘラクレスの柱」の前方（向こう側）だと記されている。ここでの「ヘラクレスの柱」とは、現在の**ジブラルタル海峡**[※3]のことを指す。つまり地中海側からみてジブラルタル海峡の向こう側ということは、**大西洋**である。『ティマイオス』ではそこを「アトラスの大洋」[※4]としており、これは現在の大西洋だと考えられていることから、ほぼ間違いない。

では場所が特定できたところで、大きさはどれほどだったのか。『ティマイオス』によれば、島の大きさは「リビアとアジアを合わせたよりもなお大きい」という。これは現在のトルコとエジプトより西の北アフリカを合わせたほどの大きさだと考えられる。ほぼオーストラリア大陸に相当する大きさだ。はたして、このような大陸が大西洋に存在していた可能性はあるのだろうか。

●大西洋にアトランティス大陸発見のニュース

ここであらためて『ティマイオス』をひも解いてみよう。するとアトランティスは（今から約1万2000年前に）「海中に没して姿を消してしまった」と記されていることに気づく。

つまり、もしアトランティス大陸が存在しているとすれば、それは大西洋の海の中ということである。実際、大西洋上にはオーストラリア大陸に相当するような大陸は存在しないことから、可能性を探るならやはり海中だろう。

では、その海中に沈んだ大陸は存在するのだろうか。

実はその可能性を示唆するニュースが2013年5月に飛び込んできた。「大西洋にアトランティスの痕跡？　しんかい、陸特有の岩発見」というニュースである。

これは、日本の潜水艇※⑤「しんかい6500」が、大西洋の海底を調査中に、陸地でしか組成されない花こう岩を発見したというものだ。ブラジル政府はこれを受け、「伝説のアトランティス大陸のような陸地が存在した極めて強い証拠」だと発表。日本とブラジルで大きく報じられることになった。当時驚いた方もいるかもしれない。

筆者はこのニュースを知って驚いた一人だ。もしブラジル政府の発表が事実であれば世紀の大発見である。そ

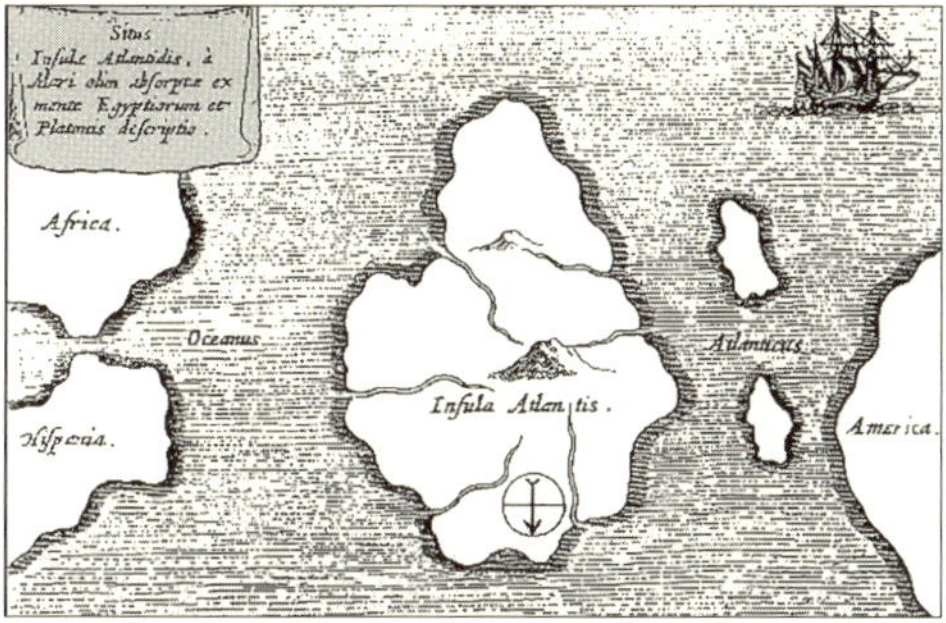

ドイツの司祭キルヒャーの「アトランティスの地図」（17 世紀）。
大西洋の中央にあり、右にアメリカ、左にアフリカが描かれている。

こでこのアトランティス＝大西洋説に深く関係するニュースについて詳しく情報を追ってみることにした。すると、今回の海底調査に参加した※⑥海洋研究開発機構の北里洋首席研究員と豊福高志研究員が、実際に行われた調査の真相をレポートしていることがわかった。ここではそのレポートをもとに真相を追ってみよう。

●大西洋の海底で見つかった陸地の正体

実は２０１３年5月6日の先述のニュースを見て驚いたのは我々だけではなかった。当時、ブラジルの海上で「しんかい６５００」を積んだ調査船「よこすか」の船上にいた豊福高志研究員ら当事者の方々も、**ネットのニュースを見て驚いていた**のだという。

「おい、俺たちが『アトランティス』を発見したって、日本のネットで大騒ぎだぞ！」

一仕事終え、のんびりと船上でネットをチェックしていた研究員の一人が突然このように言い出したことで、船上の研究員たちは自分たちがいつの間にか伝説のアトランティスの発見者になっていることに気づかされた。

このニュースはまたたく間に日本を駆け巡り、ブラジルでは日本以上に大きく報道されたという。タクシーに乗った際には運転手から「君たちがあのアトランティス発見の研究者か」と声をかけられたそうだ。

ところがこのニュース、実際は真相が違っていた。発見したのはアトランティス大陸の痕跡ではなく、**「花こう岩の崖」**だったのである。そもそも「しんかい６５００」が海底を調査していた目的は、ブラジル沖の海底にそびえる「リオ・グランデライズ」[※⑦]という海山の成因を明らかにすることだった。この海山（崖）ができた原因については、かつて存在していた大陸の名残である可能性が考えられていた。しかし、ここでいう大陸とはアトランティスのことではなかった。今から約１億年以上前に南米大陸とアフリカ大陸がひとつにつながっていた際に存在していた**超大陸のこと**である。

調査に使われた「しんかい 6500」

この超大陸は約１億年以上前に東西に分裂したと考えられているが、その分裂の際、取り残された名残がリオ・グランデライズではないか、というのが有力な仮説[※⑧]のひとつだった。もし大陸の名残であれば、南米大陸の地殻と類似性の高い花こう岩が見つかるはずである。そこで海底調査が行われた結果、今回発見されたのが花こう岩の崖だったというわけだ。海山の成因はかつての超大陸にあったのである。

ところがこれは一方で、「伝説のアトランティス大陸のような陸地が存在した極めて強い証拠」という**ブラジル政府の発表がやや早とちりだった**ことを意味する。残念ながら、アトランティス大陸が大西洋に存在していた可能性はかなり低いようだ。

しかしアトランティス大陸の可能性は低くとも、はるかな時間をさかのぼった太古の時代には超大陸が存在していた。今回、その名残が発見されたという点では、十分にロマンを感じさせてくれるのではないだろうか。

（本城達也）

【注釈】

※①**オリハルコン…**アトランティスに存在していたとされる伝説の金属。おもに石壁の覆いや神殿の飾りなどに使われていたという。

※②**プラトン…**（ＢＣ４２７～ＢＣ３４７）古代ギリシャの哲学者。ソクラテスの弟子で、アリストテレスの師にあたる。あらゆる事物には本質が実在するというイデア論を説き、後世の哲学者に大きな影響を与えた。

※③**ジブラルタル海峡…**ヨーロッパ大陸のスペインとアフリカ大陸のモロッコの間にある海峡。地中海と大西洋をつなぐ重要な拠点として、古くから重要視されていた。ギリシャ時代、両岸の岩山はヘラクレスの神話にちなみ、ヘラクレスの柱と呼ばれていた。

※④**アトラスの大洋…**『ティマイオス』によると、アトラスの大洋こそ真の大洋であり、それに比べれば地中海などは「狭い入口を持った湾港」にすぎないとしている。

※⑤**しんかい６５００…**海洋研究開発機構が所有する有人の潜水調査船。その名が示すとおり、６５００メートルの深海まで潜ることができる。これほどの深さで活動できる有人調査船は世界でも7隻ほどしかない。調査は日本近海にとどまらず、太平洋、インド洋、大西洋と世界各地におよぶ。

※⑥**海洋研究開発機構…**２００４年に設立された日本の独立行政法人。調査船を用いて海洋調査や、地球シミュレーターを使った気候変動の研究などを行っている。

※⑦**リオ・グランデライズ…**この海山は５０００メートルもの高さがあり、大西洋の海底にそびえる巨大な崖のようなものである。

※⑧**有力な仮説…**他には海底で噴火した火山によるという仮説も有力だった。この場合、期待される岩石は海底火山が由来の玄武岩になる。

■参考文献：

プラトン『プラトン全集12』（岩波書店、１９７５年）
ムー特別編集『世界超文明大百科』（学研、１９８９年）
L. Sprague De Camp『Lost Continents』（Dover 1970）
【ｗｅｂ】「大西洋にアトランティスの痕跡？　しんかい、陸特有の岩発見」（共同通信、２０１３年5月6日配信）
【ｗｅｂ】北里洋「ＱＵＥＬＬＥレポート：リオグランデ海膨八景」
【ｗｅｂ】豊福高志「『幻のアトランティス発見』顛末記（１）（３）（４）」

12 サラマンカ大聖堂の宇宙飛行士

【11世紀の聖堂になぜか未来の姿が…】

推定年代
中世初期
11世紀
前後

伝説

スペイン西部、ポルトガルとの国境近くにある都市サラマンカ[※①]。この町の大聖堂には奇妙な彫刻が存在する。

入り口の門の左側彫刻に、開閉式のヘルメットをかぶり、胸元から背中にかけては酸素供給用と思われるダクト、背中には生命維持装置をつけた謎の人物が彫られているのだ。

この人物は、他にも全身を覆う気密性の高い服を着ており、その姿はまさに宇宙飛行士である。実際、彫刻の靴底はアポロ宇宙飛行士が月面に残した靴の足跡とそっくりだ。体もまるで無重力空間にいるような浮揚感を醸し出している。

ところが驚くべきことに、この作品が彫られたのは11世紀頃なのである。当然、その時代には宇宙飛行士など存在しない。作者は一体、何をモデルにしてこの作品を彫ったのだろうか？

サマランカ新大聖堂（©Hector Blanco de Frutos）

真相

サラマンカには新[※②]旧2つの大聖堂がある。

旧大聖堂は1149年に着工し、約150年後の14世紀に完成した。一方の新大聖堂は着工が1513年で、完成は18世紀のことである。

宇宙飛行士の彫刻があるのは**新大聖堂**の方だ。この時点で11世紀頃に彫られたという話は**デタラメ**であることがわかる。それでも新大聖堂の工事期間は16世紀から18世紀ということだから、宇宙飛行士の彫刻が存在するのはおかしい。なぜ作者はこの作品を彫れたのだろうか？

実は、この作品の制作年代は16世紀から18世紀ではなく、補修が行われた**20世紀**のことだった。作者は芸術家のジェロニモ・ガルシア。彼は新大聖堂の修復を依頼された

サマランカ新大聖堂の宇宙飛行士像（左）。右はアイスクリームをなめる怪物（※③）

際、壊れて元はどんな彫刻だったかよくわからなくなっていた箇所がいくつかあることに気付いた。

そのままでは空きができてしまう。そこで彼は思案した結果、その空白箇所のひとつに20世紀を象徴する作品を彫ることにした。それが宇宙飛行士の彫刻だったのである。１９９２年のことだ。

とはいえ伝統ある建物だけに制作当初は賛否両論が巻き起こったらしい。しかし、元来大らかな気質の人が多いとされるスペインだからか、一緒に造られた**アイスクリームをなめる怪物**の作品と共にやがて**気の利いたジョーク作品**として受け入れられるようになったという。

ところが、２０１０年9月、この彫刻を思わぬ悲劇が襲う。何者かによって、顔と右腕、管の一部が破壊されてしまったのだ。多くの人に親しまれていた宇宙飛行士の彫刻は、その後、補修が施された。その結果、襲撃の跡は目立つものの、以前と変わらないユーモラスな姿を取り戻している。現代の美術家のユニークな発想で造られたこの彫刻は、いまではサラマンカの観光名所のひとつになっているという。

（本城達也）

【注釈】

※①**サラマンカ**…スペインのカスティーリャ・イ・レオン自治州、サラマンカ県の県都。スペイン最古の大学であるサラマンカ大学や、新旧の大聖堂がある旧市街全体が1988年に世界遺産に登録されている。ヨーロッパ屈指の学問と芸術の都として有名。

※②**サラマンカの新旧2つの大聖堂**…12世紀着工の旧大聖堂はロマネスク様式、16世紀着工の新大聖堂はゴシック様式の傑作とされる。

※③**アイスクリームをなめる怪物**…画像は【ｗｅｂ】「The Astronaut sculpted in the New Cathedral, Salamanca」より。

■**参考文献**：
並木伸一郎「中世スペインの大聖堂に宇宙飛行士の像を発見!!」『ムー』（学研、２００８年・３月号）
水村光男監修『ヨーロッパの世界遺産〈3〉スペイン・ポルトガル』（講談社、２００４年）
【ｗｅｂ】Portal do Astrónomo「O Astronauta da Catedral de Salamanca」
【ｗｅｂ】「The astronaut and the dragon of Salamanca」
【ｗｅｂ】Typically Spanish「Salamanca astronaut loses an arm」

13 古の天文盤「ネブラ・ディスク」

【考古学の常識を打ち破る真のオーパーツ】

推定年代
青銅器時代
3600年前

伝説

２００２年、ドイツ中部の町ネブラで、古代の天文盤と見られる青銅製の遺物が発見された。通称「ネブラ・ディスク」と呼ばれるこの天文盤、最も特徴的なのは、その表面に施された金の装飾である。三日月や太陽、星などが描かれているのだ。

中でも三日月と、その近くに位置する7つの星の集まりはプレアデス星団（すばる）を表しており、この2つは太陰暦[※①]における季節のずれを解消するために使われていた可能性が高いと考えられている。つまり、13ヶ月目の閏月を加えるための目安である。

また他にも、夏至と冬至の日に太陽が昇る位置や日没の位置を示す道具としても使われていたことが判明している。ネブラ・ディスクは極めて高度な天文ツールだったのだ。

製作された年代は、今からおよそ3600年前。定説によればヨーロッパに天文学の知識が伝わったのはそれより1000年も後のことだとされる。

専門的な天文学の知識を持っていなかった当時の人々は、一体どうやってネブラ・ディスクのような高度な天文ツールを作ったのだろうか？

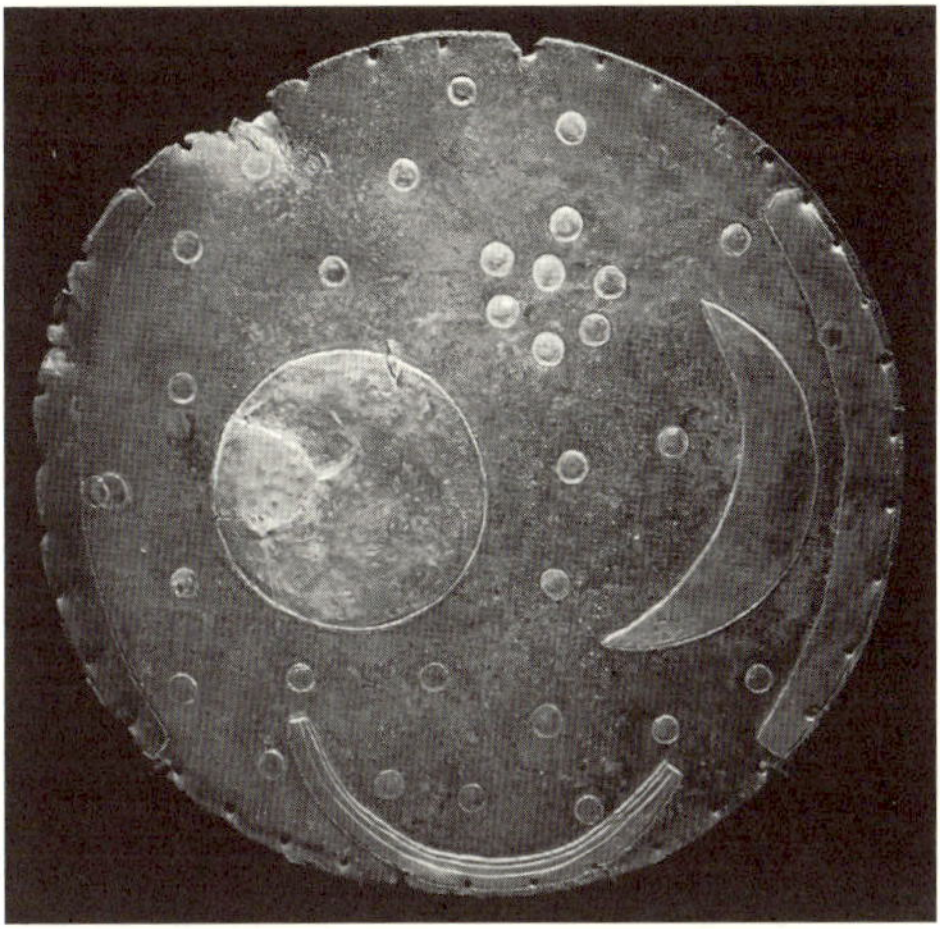

古代の天文盤「ネブラ・ディスク」（©Dbachmann）

真相

●おとり捜査によって発見された遺物

ネブラ・ディスクは、通常[※②]とは異なった経緯で発見に至っている。

2002年に盗掘品の情報を得た警察と考古学者が協力しておとり捜査を計画。金属探知機を使って遺物を盗み出す盗掘グループと接触し、高値で買い取るふりをして取引現場となったスイスのバーゼルへおびき出した。

現場ではおとり役の考古学者が交渉を行い、遺物の存在を確認後に警官隊が突入。犯人グループを見事逮捕し、ネブラ・ディスクを含む古代の遺物を押収したという。

押収された遺物は直径32センチ、重さ約2キロの天文盤の他に、剣、斧、腕輪がそれぞれ2本、のみが1本で、すべて青銅製だった。

発掘場所は犯人たちの供述から、ドイツのザクセン・アンハルト州ネブラの町の近くにある、標高252メートルのミッテルベルクの丘であることが判明。詳しい発掘調査の結果、頂上付近には石のマウンド（塚）があり、犯人たちはそこから金属探知機を使って遺物を盗掘していたことがわかった。

さらにマウンドの周囲は高さ1メートル、直径75メートルの環状の盛り土になっていることも判明。先史時代の祭事場か古代の天文台だった可能性が考えられている。

詳しい年代の方は遺跡から他に発掘された職杖[※③]の年代測定の結果、紀元前1600年頃、すなわち今から3600年前の青銅器時代のものであることが明らかになっている。遺跡もその頃につくられたと考えられる。

●有力な天文盤説

ネブラ・ディスクが発掘されたドイツ北東部のミッテルベルクの丘。左に発掘場所を示す標識が立てられている。（©Medien-gbr）

さて、このようにネブラ・ディスクはユニークな経緯から発見されたものの、先述のように古代の遺物である可能性は高いと考えられている。

すると次に気になるのはネブラ・ディスクの用途である。一体どんな用途が考えられるのだろうか。

最も有力だとされているのは**天文盤**としての役割である。

ネブラ・ディスクを観察すると、青銅製の円盤の上に並ぶ大きな三日月形のシンボルとその横の円形のシンボル、そして7つの星の集まりに気がつく。ドイツ・ハンブルク大学の天文学者ラルフ・ハンセンらによれば、三日月形は月を表し、円形は太陽、7つの星はプレアデス星団を表している可能性が高いという。

これらのうち三日月はその形を詳しく研究すると、新月から4、5日目の形を表していることが分かる。

これにプレアデス星団を組み合わせると、その天体図が約3年に一度、実際の星空の位置と一致するときがある。これは、太陰暦と季節のずれを解消するために閏月を加えなければならない時期の目安になる。つまり、ネブラ・ディスクは**太陰暦と実際の季節を同期させるための道具**としての役割があったと考えられるわけである。※④

ただし用途は他にも考えられている。ネブラ・ディスクを調べたドイツ・ルール大学の天文学者ヴォルフハルト・シュローサーによれば、天文盤の縁にある金の帯の両端部分は、夏至と冬至における地平線上の太陽の動きを知るために使われていた可能性が考えられるという。

ネブラ・ディスクが埋葬されていたミッテルベルクの丘は、紀元前1600年頃には遠くの地平線がよく見える場所だった。この山頂で天文盤を地平線に向けると、帯の上端が夏至の日の出と日没地点を示し、下端が冬至の日の出と日没地点を示す。おそらく当時は、この帯を参考にして太陽の動きを調べ、**種まきと農作物の収穫の時期を知る手がかり**にしていたのだろう。

つまりまとめると、円盤上のシンボルが太陰暦と実際の季節を同期させる役割を担い、縁にある金の帯は種まきと収穫の時期を知る手がかりとしての役割を担っていたと考えられるわけである。

●ディスクは4つの段階を経て製作された

ただし、こういった使い方は徐々に加わっていったようだ。X線による分析でネブラ・ディスクは4つの段階を経て変化していったことがわかっているからだ。

製作段階を順に解説していくと、まず第1段階では青銅製の円盤に金を使って太陽と月、それにプレアデス星団と複数の星がはめ込まれた。この初期段階では前述の太陰暦と季節のずれを補正するために使われたと考えられる。

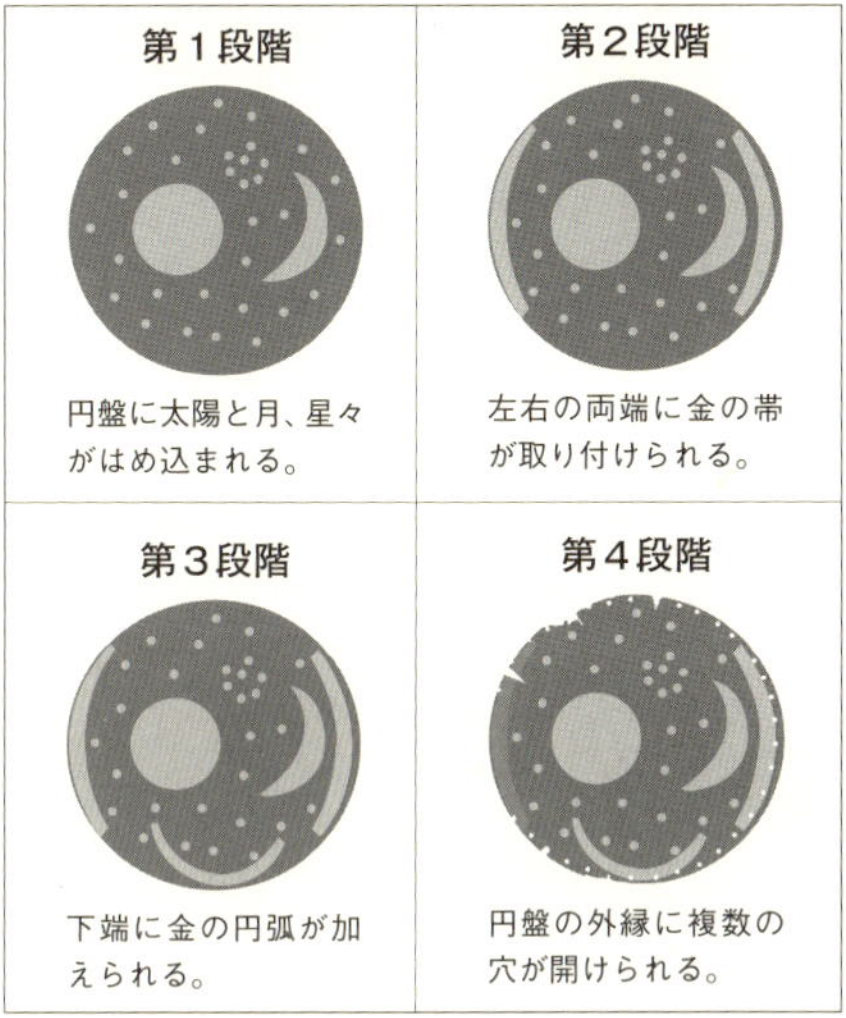
第1段階
円盤に太陽と月、星々がはめ込まれる。
第2段階
左右の両端に金の帯が取り付けられる。
第3段階
下端に金の円弧が加えられる。
第4段階
円盤の外縁に複数の穴が開けられる。
【図】ネブラ・ディスクの製作段階

続いて第2段階。ここでは左右の両端に金※⑤の帯が付け加えられた。夏至と冬至の太陽の動きを観測するために使われたと考えられる。

次に第3段階。ここでは下端に金の円弧が加えられた。この円弧はそれまでの天文ツールとしてではなく、古代の宗教的シンボルとして加えられたようだ。

具体的には青銅器時代の北方神話

や古代エジプトのモチーフなどで見かける「夜の舟」である。これは太陽神が夜の闇から日の出へと旅する際に使ったとされる天上の舟で、ネブラではシャーマニズムの儀式などで使われた可能性がある。

最後は第4段階。この最終段階では、円盤の外縁にいくつもの穴が開けられた。おそらくネブラ・ディスクと何かの旗などを結びつける際に使用されたと考えられている。

ただし、こうなってしまうと天文ツールとして使われた可能性は低く、ネブラ・ディスクの後期は**宗教的儀式や権威を表す象徴**として使われたようである。

●ネブラ・ディスクは真のオーパーツ

さて、ここまで見てきたように、ネブラ・ディスクは**偽物の可能性がほとんどなく**、一方で、伝説でいわれるように**高度な天文ツールであった可能性は極めて高い**。定説とは1000年の開きがあったことも事実だ。伝説の大部分は正しかった。

つまり、**ネブラ・ディスクは真のオーパーツだった**のである。

このオーパーツは3600年前の人々が星空を眺め、根気強くたゆまぬ観測を続けた結果、そこに法則を見い出してつくられたものである。歴史は塗り替えられた。

科学の土俵は否定のための土俵ではない。証拠があれば本物としての祝福を受ける公平な場である。そのことを、このネブラ・ディスクは我々に教えてくれている。

（本城達也）

【注釈】

※①**太陰暦…**月の満ち欠けをもとに作られた暦。この暦では1ヶ月（朔望月）が約29・5日となるため、1年では約354日となる。これは太陽暦の365日より11日少ない。そのため補正せずに使い続けると実際の季節と合わなくなってしまう。そこで約3年に一度の割合で13ヶ月目の閏月を挿入して実際の季節と同期をはかる方法が採られる場合がある。この同期を行う暦は太陰太陽暦という。

※②**ネブラ・ディスク発見の経緯…**発見のきっかけになったのは、1999年にベルリンの博物館の研究者が、ある美術商に見せられた1枚の写真。そこには金の装飾がなされた青銅製の円盤が写っており、50万ドルで売りたいと持ちかけられたという。それが盗掘されたものであることを見抜いた研究者は美術商に連絡するが、その美術商もろとも円盤は行方不明になる。それから3年後、突如、円盤の記事がドイツのニュース誌に掲載される。それを読んだ研究者が警察に通報、上記逮捕劇につながった。

※③**職杖…**しょくじょう。英語では「メイス」。権威を表す杖。

※④**閏月を加える目安…**当初は月食の予測も考えられたが、現在では太陰暦における閏月を加える際の目安として使われた可能性が高いと考えられている。

※⑤**金の帯…**現在は右側にしかないが、左側にも跡が残っていることから、もともとは左右両端にあったと見られ

ている。

■参考文献：

並木伸一郎『決定版　超古代オーパーツＦＩＬＥ』（学研、２００７年）
南山宏・監修『驚愕のオーパーツ&超古代ミステリー99』（双葉社、２０１０年）
ハラルド・メラー「先史時代の天文盤」『ナショナルジオグラフィック』（２００４年１月号）
ヘザー・クーパー、ナイジェル・ヘンベスト『天文学の歴史』（東洋書林、２００８年）
【ｗｅｂ】ドイツ連邦共和国大使館総領事館「ネブラ・ディスク」
【ｗｅｂ】DW-World「Bronze Age Sky Disc Deciphered」27.02.2006
【ｗｅｂ】BBC NEWS「Calendar question over star disc」25. June 2007
【ｗｅｂ】Focus Magazine「Himmelsscheibe von Nebra: Das Gold stammt aus England」（12/05/2010）

【第三章】「アフリカ大陸の超古代文明」の真相

14 ギザの大ピラミッドの謎

【いまだ謎に包まれた超巨大建造物】

推定年代
エジプト第4王朝
4500年前

伝説

カイロ郊外ギザの台地にそびえ立つピラミッドは、世界で最も有名で最も謎に満ちた〝建造物〟だろう。3つのピラミッドのうち世界最大の大ピラミッドは紀元前26世紀頃に作られたと考えられている。正四角錐で底辺230メートル、高さ138・74メートル（完成時146・6メートル）。傾斜角は51度52分。正確に東西南北に面して建てられている。

教科書ではクフ王[※①]の墓だとされているが、そもそもピラミッドが王墓だという証拠は何もない。ミイラや棺はもちろん、副葬品も壁画もない。王の名がふさわしい場所に書かれているわけでもないし、大ピラミッドを作ったというクフ王の像は異様に小さなものが一つ残っているだけだ。強大なファラオにしては妙ではないだろうか。

エジプトの三大ピラミッド。手前からメンカウラー王のピラミッド、中央がカフラー王のピラミッド、奥に位置しているのがクフ王のピラミッドである。

ではピラミッドとは何なのか？

その答えとして有力なのが、ピラミッドは宇宙とつながっているという説だ。

その説によれば、古代エジプトには想像を超えた宇宙の知識が込められているという。たとえば、大ピラミッドの高さは地球と太陽の距離を表し、基辺は1年の長さを意味しているとされている。さらに3大ピラミッド（クフ王：カフラー王：メンカウラー王）と地球：金星：火星の体積比はほぼ一致しているのである。

ピラミッドの建設の記録が何も残っていないというのも、疑惑をかき立てる。古代エジプトでは、書記は重要な仕事であった。神殿などの建造物の壁はもちろん、パピルス[※②]を使っておよそすべてのことが記録されている。しかしピラミッド造りに関するものは一切ないのである。

ヘロドトスがピラミッド建造のエピソードを書き残してから、人々は今日までピラミッドがどのように作られたのかを追究してきた。

だが、学者が考えた方法はことごとく失敗している。人類の技術と科学が発展すればするほど、謎が深まるピラミッド。古代エジプトには現代科学を超えた何かがあったことがようやく理解されてきたのだ。

真相

伝説にある通り、ピラミッドの謎は解けていない。これは本当の話だ。文書による記録もない。どの玄室も空っぽだが、それがいつから空っぽだったのかもわからない。さらに言えば、ピラミッドが本当に王墓だったのかどうかも分かっていない……。しかし、だからといって、超古代文明の知恵や宇宙からの支援がなければピラミッドが作れなかったわけではない。分かってきていることも多いのである。

●ピラミッド学の進歩

宇宙線を使いピラミッド内部を探る試みや、ドローンでピラミッドを様々な角度から撮影

上空から見たエジプトの三大ピラミッド。広大な砂漠の中にポツンと存在しているイメージがあるが、実際はすぐ近くに市街地が広がっている。

するなど、**最新技術を用いてピラミッドを破壊せずに謎を探ろう**とする世界各国の研究プロジェクトが動き始めている。あっと驚く華々しい成果は出ていないが、一つはっきりしてきたことがある。ピラミッドの内部はきっちりと成形された切石が積み重ねられているわけではなく、未成型の石材や成形したときに出た切れ端、さらに砂なども利用して充填した**隙間だらけの空間**だということだ。そうであれば建築期間の短さや石の加工時に出たはずの端材が発見されていないことの説明も付く。

またピラミッド周辺の発掘が進むにつれ、ギザにはピラミッド建設労働者の町があっただけではなく、**貴族や王族も暮らす大きな都市があった**ことがわかってきた。

さらに２０１３年、ギザから遠く離れた紅海沿岸の町ワディ・エル＝ジャラフで、エジプト最古の古さのパピルス文書が発見された。これがなんと、ピラミッドの外側に使われていた白い大理石を運ぶ労働者集団を指揮していた**メレルという名の監督官の日記**だったのだ。

「メレルの日記」と呼ばれるようになったこの文書の記録から、クフ王の治世27年にはピラミッドがほぼ完成していたこと、ピラミッド都市には大きな港があり、ピラミッドまで石材を運ぶための運河が作られていたこと、メレルはピラミッド建設のために熟練労働者を率いてエジプト全土から様々な資材を集めていたこと、彼の部下たちは熟練した労働者であると同時に船を操る水夫であったことなどがわかった。

ピラミッド建設のためにエジプト全土から人が集められて暮らし、日常生活を支える商人や職人が店を開き、彼らを監督し、工事を進める技術者が屋敷を構え、ナイル川の港にはエジプト全土から次々と資源が到着する。ピラミッドタウンは人と物が集まる場所として繁栄しただろう。現代の考古学が復元しようとしているのは、神秘的な死者の世界に君臨する謎のピラミッドという従来のイメージを覆す古代の世界だ。

●どうやって作ったのか？

ピラミッドの建設に関して、石材の切り出しやその運搬法、測量などの問題は**ほぼ解決している**。定説通り、石を切り出し、充分な人手を使ってそれを運び、綿密に測った上で人力で組み立てたのだ[※③]。

古代の人々が高度な科学力を有していたとする〝超古代文明〟の支持者は、よく「重たい巨石を人力だけで動かせるはずがない」と主張する。だが、仮にピラミッドが超古代文明で作られたとすると不都合な点が多すぎる。古代エジプト人に自由に巨石を動かす技術があったとしたら、2万人近い労働者が暮らす町や、そこに送られた食糧、石切場の工具の跡や石工たちの落書きなどが説明できなくなるのだ。

■ ピラミッドの作り方（※④）

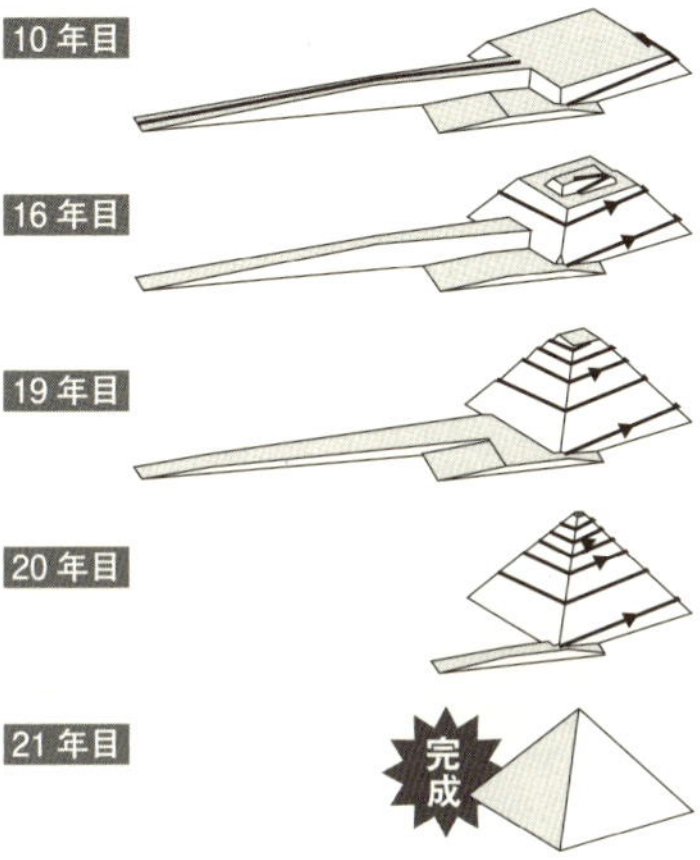

残る問題は「**高さ**」と「**建築スケジュール**」である。

これまで、ピラミッドの製造法とされてきた有力説は、ピラミッド周囲にスロープのような傾斜路を作り、それを使って石を引き上げて積み上げる、という方法だった。

この方法は定説とも言えるほど浸透しており、たいていのピラミッドはこのやりかたで作ることができるとされている。しかし、ギザの大ピラミッドだけは話が別だ。

あまりにも高いので、周囲を囲むようにスロープをつけると、距離が長くなりすぎたり、傾斜がきつくなりすぎたりしてしまうのである。

また、「建築スケジュール」の問題も解決されていない。ピラミッドに関するヒエログリフの記録がないのは、**ファラオの死の祭祀については記録しない**風習だったからだと考えられている。しかし、ピラミッドの事業計画は、ファラオの即位と同時に始まったとされるが、ファラオがどれだけ王位に留まるかは予想ができるものではない。計画と施工をどう調整していたのかは大きな謎だ。ただ前述したように、最近の調査結果では、ピラミッドの見えない内部は隙間だらけで何よりもスピードが重視されていたらしいことがわかっている。

ギザの大ピラミッドの建造法については、多くの研究者たちがその謎の解明に取り組んでいる。昨今のエジプト学の発展具合を見ると、その謎が解かれる日もそう遠くないのかもしれない。

●懐が深いエジプト学にも限界はある

エジプト学は非常に懐が深く、たとえ異端の説でも簡単には排除しない。しかし、【伝説】で挙げられていた奇説はいずれもエジプト学者から**ダメ出し**されている。

まず、大ピラミッドの寸法が太陽系や惑星の数値を表しているという説は、基本的に19世紀イギリスの天文学者チャールズ・ピアッツィ・スミスの説の焼き直しだ。

スミスはエジプトまで出かけてピラミッドを測ったが、実は**最初から求める数字は決まっていた**。自分が熟知している天文学的な数値である。

例えば基辺の長さを365で割ると25インチになった。つまり、ピラミッドの基辺の長さの単位は25インチでそれを1年の日数並べて基辺を作ったのだ。太陽と地球の距離を10の9乗で割るとピラミッドの高さになる。だから、エジプト人は地球と太陽の距離を知っていたのだ、という具合である。ピラミッドの計測値に何かをかければ天文学の数値になるというならば、何でも可能だ。地球と太陽の距離がぴったりきれいな数字にならなければ、別の距離をあらわしているとして計算しなおせばいい。

では、3つのピラミッドの体積比はどうだろうか。

これはたまたまクフ王の大ピラミッドと隣接する※⑤カフラー王のピラミッドの体積がほぼ同じであるため、地球（クフ王のピラミッド）と金星（カフラー王のピラミッド）の関係になぞらえたというだけの話である。火星だとされるメンカウラー王のピラミッドは「ぐっと小さい」ので火星らしく見えるが体積の数値は火星とは一致しない。おまけにエジプト人が惑星の体積を知っていたにしては、地球、金星、火星の**並び順がおかしい**ではないか※⑥。

いくら懐が深くてもエジプト学者はいちいちこうした焼き直し説に関わっているほど暇では

ない。決して頭が固いわけではないのである。すっかり古くなってしまっているのは超古代文明論の方なのだ。

（ナカイサヤカ）

【注釈】

※①**クフ王…**古代エジプト、古王国時代のファラオ。在位期間は紀元前２５８９年から紀元前２５６６年と考えられている。ちなみに、ギザの大ピラミッドの建設期間は、紀元前２５４０年から紀元前２５２０年頃とされており、在位期間との間に若干のズレがある。

※②**パピルス…**カヤツリグサ科の植物、パピルス（和名：カミガヤツリ）の地下茎の内部組織をシート状に成形したもの。古代エジプトでは記録媒体として使われていた。

※③**人力で組み立てた…**石に残された落書きからは各班が競い合っていた様子もうかがえる。

※④**ピラミッドの作り方…**ピラミッド建造法の一例。スロープを使って土台を作った後、らせん状の階段で石を運んだ。図版の出典『Archaeology Magazine』（MAY-JUNE/2007）を参考に作成。

※⑤**カフラー王のピラミッド…**古代エジプトのファラオ、カフラー王の時代につくられたとされる。ギザの三大ピラミッドのうち、クフ王に次ぐ大きさ（建造時、高さ１４３メートル）だが、土台の高さが加わっているため、遠目からだと一番大きく見える。

※⑥**ギザの三大ピラミッドの並び順…**北からクフ王のピラミッド、カフラー王のピラミッド、メンカウラー王のピ

ラミッドの順。一方、惑星は太陽から見て金星、地球、火星の順に並んでいる。

■参考文献（主要なもの）：

ボブ・ブライアー他『大ピラミッドの秘密』（ソフトバンククリエイティブ、２００９年）
吉村作治『古代エジプトを知る事典』（東京堂出版、２００５年）
吉村作治『吉村作治の古代エジプト講義録（上・下）』（講談社、１９９６年）
ジャン・ベルクテール『古代エジプト探検史』（創元社、１９９０年）
マーク・レーナー『図説ピラミッド大百科』（東洋書林、２０００年）
デヴィッド・W・フィリップソン『アフリカ考古学』（学生社、１９８７年）
デビッド・マコーレイ『ピラミッド―巨大な王墓建設の謎を解く』（岩波書店、１９７９年）
河江肖剰『河江肖剰の最新ピラミッド入門』（日経ナショナルジオグラフィック社、２０１６年）
【ｗｅｂ】「労働者の墓（ＡＦＰ　ＢＢニュースの特集）」
【ｗｅｂ】「ギザ台地マッピング・プロジェクト公式サイト（Oriental Institute）」
【ｗｅｂ】「ピラミッドの世界（FATHOM）」

15 大スフィンクスの伝説

【あの巨大建造物は超古代文明の産物？】

推定年代
エジプト第4王朝
4500年以上前

伝説……

エジプトのギザにある3大ピラミッドは古代[※①]エジプト第4王朝のクフ王、カフラー王、メンカウラー王がそれぞれ建造したものとされている。

その内、カフラー王のピラミッドを守るようにしてそびえているのが、これもまた有名な建造物・大スフィンクスだ。その大きさは全長73・5メートル、頭部の高さ20メートル、幅19メートルもあり、その頭は真東を向いている。

大スフィンクスは通説ではカフラー王が作ったとされる。

しかし、それは本当なのだろうか。

地質学者で石の風化の専門家であるロバート・ショックは、大スフィンクスの表面に見られれ

ギザの大スフィンクス。カフラー王の時代につくられたとされるが、紀元前 7000 年頃に建造された可能性があるという。（©Pius Lee ）

る侵食に着目し、それがサハラ砂漠の砂によってできたのではなく、大雨によるものであることを突き止めた。

しかし、第4王朝の時代から現代まで、エジプトでそれほどの大雨が続いたことはない。そこでショックは大胆な説を打ち立てる。スフィンクスはエジプトがまだ緑と水に覆われていた紀元前7000年頃に建造された可能性がある、というのである。

このショックの新説は、1991年のアメリカ地質学会総会で発表され、多くの地質学者の支持を得た。スフィンクスはカフラー王が造ったという通説は、れっきとした自然科学である地質学の世界ではすでに否定されているのだ。

このショックの説を受け継ぎ、さらに発展させたのが、ジャーナリスト[※②]のグラハム・ハンコックとロバート・ボーヴァルだ。[※③] ハンコックらは大スフィンクスの建造年代をショックの説よりもさらに古く紀元前1万年頃に推定する。

ハンコックらはコンピュータを用い、古代エジプトの各時代で見られた天体の運行を再現した。そしてスフィンクスが真東を向いている謎を解くことに成功した。ハンコックらによれば、1万2000年前のエジプトでは、春分の日に太陽が黄道12宮[※④]の獅子座の方角から昇っていた。その方向は、スフィンクスから見ると真東に当たる。そう、スフィンクスは春分の日の太陽を迎えるために真東を向き、その方角にある獅子座を象徴するためにライオンの姿をしていたのである。

最後にもうひとつ。日本には、大スフィンクスに関してある噂がある。なんでもその噂によると、大スフィンクスの視線は日本のある場所に向けられており、いずれその地から救世主が現れることを示しているのだという。大スフィンクスは超古代に造られたというだけでなく、巨大な予言でもあったわけだ。

真相

現在、エジプト関係の考古学者はショックやハンコック、ボーヴァルらの説にとりあわない。

19世紀の大スフィンクス。まだ体の大部分が砂に埋まっている。

しかし、それは考古学者が頑迷だからではない。彼らの説が遺跡の示す事実と**まったく合わない**からである。

まず、ショックは地質学者ではなく、石の風化の専門家でもない。彼の専攻は**古生物学**である。また、彼の新説が[※⑤]1992年のアメリカ地質学会総会で発表されたという事実はあるが、その形式はポスター発表であり、その場で賛意が得られたかどうか確認できる方法ではなかった。実際には地質学界にもショックの新説への賛同者は**特にいない**ようだ。

大スフィンクスは風化が進んでおり、いつ頭が落ちてもおかしくない危険な状況にある。そこで現在、多くの地質学者が協力して石像の保存に当たっているが、彼らに共通する見解は、「スフィンクスの風化は石に含まれていた[※⑥]**地下水の塩分**が引き起こした」であり、「スフィンクスは**カフラー王の時**

代に作られたもの」である。考古学の通説が地質学で否定されているという事実もない。

もちろん、ショックの説を下敷きにしたハンコックらの説もデタラメである。

ハンコックらは古代の星座を再現して、スフィンクスが春分の日の獅子座を向いていた、としていたが、それもそもそも大間違いだ。

獅子座を含む黄道12宮が最初に登場するのは、**紀元前3000年頃**の話である。しかも、その地域はメソポタミアで、その頃の古代エジプトではメソポタミア起源のバビロニア占星術（ひいては、それを基礎とする西洋占星術）とはまったく異質の星座に基づく占星術が行われていた。したがって、1万2000年前のエジプトで黄道12宮の獅子座を意味するモニュメントが建てられるなどということはありえない。

●スフィンクスの建造法とその年代

では、現在の通説では大スフィンクスはどのように考えられているのか。その建造法と建造年代を紹介しよう。

現在の考えでは、大スフィンクスは元からあった岩山を切り出して造ったとされている。切り出した石は近くにある神殿の石材として用いられた。というより石材を切り出した跡を再利用してスフィンクスが造られたと言った方がいいかもしれない。その神殿を建てたのがカ

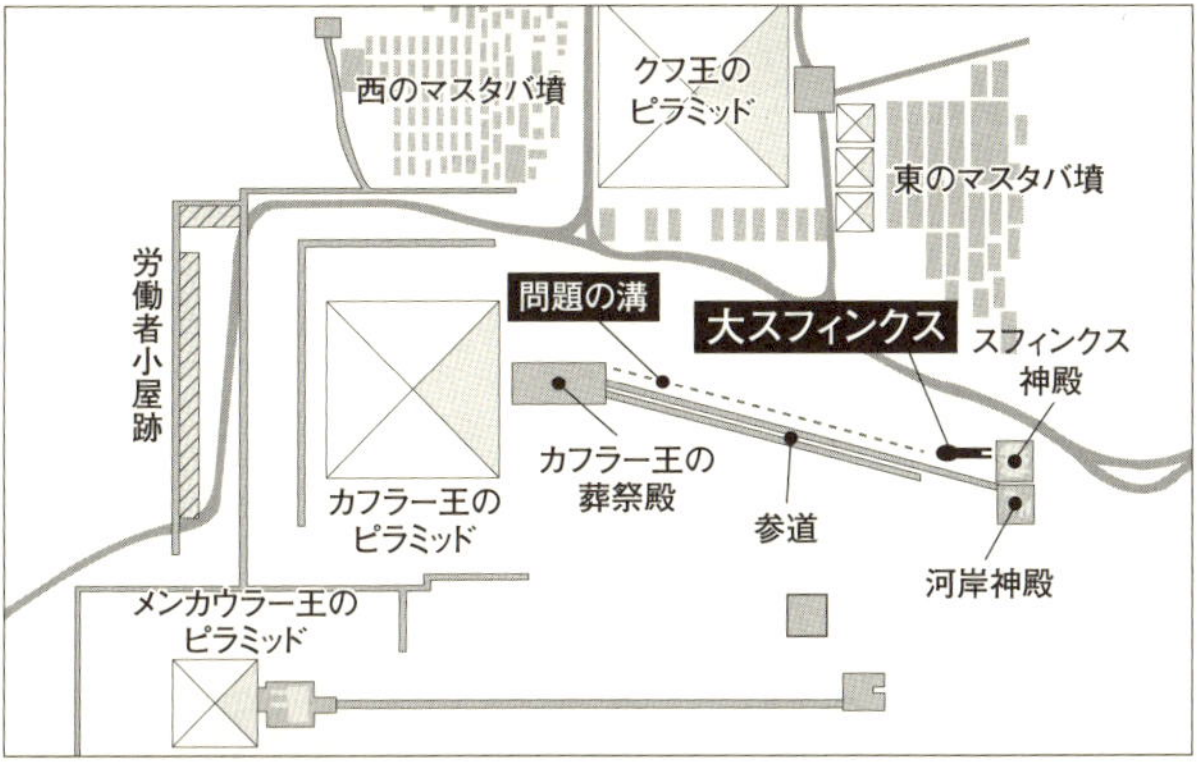

ピラミッドと大スフィンクスの位置関係。問題の溝はカフラー王の葬祭殿から伸びる参道の北側にある（MesserWolandの地図を参考）。

フラー王だったことはすでに判明している。したがって大スフィンクスがカフラー王の建造であることはまず間違いない。

なにより重要な証拠は、カフラー王のピラミッドの参道の北側に並行して掘られた溝である。参道が大スフィンクスの南を抜けて伸びているのに対し、溝は大スフィンクスの背後でいきなり途切れている。

この溝はもともと参道と並行した水路になる予定だったものだろう。ところが計画変更で石切り場にしていた岩山の中心部を大スフィンクスとして残すことになったため、それが障害となって水路を通すことはできなくなった。そこで水路計画の方は放棄されたというわけだ。大スフィンクスが神殿建設前からあったなら、このような**中途半端な溝が掘られることはなかった**だろう。

以上の事実から見て、大スフィンクスの建造年代をカフラー王の時代より前に求める説はまず成り立たないのである。

●大スフィンクスの視線の先

さて、大スフィンクスの視線が日本に向かっているという噂は、新興宗教の世界では、自分たちの教祖が救世主だという証拠としてよく取り沙汰されている。その到着地点は教団[※7]によりさまざまだ。

今のところ確認できる最古の例は、ピラミッド日本発祥説や日本ユダヤ同祖論を説いたことで知られるキリスト教伝道者・[※8]酒井勝軍《かつとき》が記した次の文だ。

「スフィンクスは、世界統一神政復の其日其時、統治者メシヤは我が向ふ所より君臨すべしと無言の譜を歌ふて居る。そこでスフィンクスの向ふところを調べると正東であつて、試みに彼の眼から一直線を赤道に並行して描くと遂に日向高千穂山に達するではないか[※9]」

酒井は「統治者メシヤ」として日本の天皇を想定していたわけだが、後の新興宗教はそれを我田引水しているわけだ。ちなみに大スフィンクスがあるギザの緯度は北緯29度58分、それと同緯度を日本に求めると**トカラ列島の口之島**[※10]に相当する。酒井のいう日向高千穂（現在の宮崎県高千穂峰もしくは現鹿児島県霧島山）はもちろん、現代の新興宗教で主張されるどんな場所とも対応しないようである。

ちなみに大スフィンクスの視線の先にあることが実際に確認できる場所に、ギザ市街地のファストフード店がある。フジテレビ『トリビアの泉』２００３年8月20日放送分でとりあげられてからは日本人観光客もよく行くようになったそうだ。もちろん、そこの店主が救世主ということはまずない、と思う。

（原田実）

【注釈】

※①古代エジプト第４王朝…紀元前26世紀頃に栄えた王朝。カイロの南にあるメンフィスを首都とした。紀元前3世紀頃のエジプト人歴史家マネトーの『エジプト史』逸文によるとこの王朝には8代のファラオがいたという。ピラミッドで有名なクフ王、カフラー王、メンカウラー王はこの王朝の第2代、第4代、第6代にあたる。

※②グラハム・ハンコック…（１９５０〜）イギリス生まれの作家、ジャーナリスト。『エコノミスト』誌の東アフリカ特派員を経て、１９９５年に有史以前の超古代文明の存在を示唆した『神々の指紋』（翔泳社、１９９６年）を出版。世界中で大ブームを巻き起こす。

※③ロバート・ボーヴァル…（１９４８〜）エジプト生まれの作家、古代エジプト研究家。建設技師として中東や

アフリカなどで働いた後、1995年に「The Orion Mystery」（邦題は『オリオン・ミステリー大ピラミッドと星信仰の謎』NHK出版）を出版。ギザの3つの大ピラミッドはオリオン座を構成する星に呼応しており、古代エジプトでは死したファラオが星になる、というオリオン信仰があったと主張。一大ブームとなった。

※④**黄道12宮…**黄道（こうどう。天体における太陽の通り道）にある13の星座のうち、へびつかい座を除いたもの。牡羊座、双子座など、プロフィール欄などに記す、いわゆる「星座」である。

※⑤**1992年に発表…**「伝説」で「1991年に発表」したとなっているのは、ハンコックの間違い。ちなみにポスター発表というのは、大判の紙に自分の研究結果をまとめて、壁などに掲示する発表方法。ショックは壇上に上がって、大聴衆を前に自説を発表した、というわけではない。

※⑥**地下水の塩分が引き起こした…**ショックの「雨で風化した説」の重要な拠り所となっていたスフィンクス像の侵食は、塩害でも生じることがある。砂と雨、2択で考えたため、判断を誤ってしまったのだ。

※⑦**教団によりさまざま…**ようは大スフィンクスの視線の先を、自分たち教団のゆかりの地に結びつけたいだけである。

※⑧**酒井勝軍…**（1874〜1940）日本のキリスト教伝道者、オカルティスト。14歳で洗礼を受け、キリスト教徒になる。その後、苦学を重ねてアメリカに留学。帰国した後は牧師として活動するも、通訳として日露戦争に従軍したことがきっかけで国体主義に転向。後年、偽書「竹内文献」の存在を知り、日本人とユダヤ人は同一の祖先を持つとする「日ユ同祖論」に傾倒し、そこからピラミッドの原型は日本にあったとする「ピラミッド日本起源説」を主張した。

※⑨**文章の引用元…**酒井勝軍「ピラミッドの秘義」『神秘之日本』第4号所収（1937年1月1日）

※⑩**トカラ列島…**鹿児島県の薩南諸島に属する島々。主な島に、口之島、中之島、宝島などがある。漢字で表記す

ると吐噶喇列島となる。

■参考文献：

グラハム・ハンコック『神々の指紋』上下（翔泳社、1996年）

グラハム・ハンコック、ロバート・ボーヴァル『創世の守護神』上下（翔泳社、1996年）

マーク・レーナー『「神々の指紋」の謎はすでに解明されていた——エジプト超古代「紀元前一万年前」の驚異の文明がここにある』（中央アート出版社、1997年）

吉村作治『ピラミッド・新たなる謎』（光文社、1992年）

吉村作治『吉村作治の古代エジプト講義録』上下（講談社、1994年・1996年）

H・ユウム、S・ヨコヤ、K・シミズ『「神々の指紋」の超真相』（データハウス、1996年）

ピーター・ジェイムズ他『古代文明の謎はどこまで解けたかI』（太田出版、2002年）

【web】春田館「『神々の指紋』批判のページ」

酒井勝軍『復刻・神秘之日本』第1巻（八幡書店、1982年）

原田実『日本トンデモ人物伝』（文芸社、2009年）

16 アビドス神殿のヘリコプター

【古の神殿に刻まれた超古代文明の証】

推定年代
エジプト第19王朝
3300年前

伝説

１９９２年11月、ブルース・ローレスという在野の研究家が、エジプトのアビドス[※①]神殿を訪問中に、梁の一角で奇妙なレリーフを発見した。

そこにはなんと、ヘリコプターや戦闘機、潜水艦が描かれていたのだ。しかもヘリコプターは真横から見た図だけでなく、真上から見た図まであった。その様子はまるで設計図である。

これらのレリーフが描かれたのは紀元前１３００年頃のこと。通説ではそんな時代に近代的な乗り物が存在した可能性は即座に否定されてしまう。

しかし、これだけのものを偶然や想像で描くなどということはありそうもない。第一、近代的な乗り物にしか見えないのだ。アビドス神殿のレリーフは、ヘリコプターなどを実際に見て

アビドス神殿のヘリコプター（中央左上）、中央左が「上から見たヘリコプター」で、戦闘機（右）や潜水艦（右）の姿もある。（※②）

描いたものだと考えた方が合理的ではないだろうか。

真相

●問題の箇所は重ね書きと浸食によるもの

オーパーツだとされているレリーフは、ヒエログリフ[※③]の**重ね書き**と**自然の浸食**によって偶然できたものである。

古代エジプト人はファラオが代替わりした際、前のファラオの名前や業績などを書き換えるために、よく重ね書きを行っていた。問題の箇所も、これまでに2度ほど書き直されたことがわかっている。

アビドス神殿は古代エジプト第19王朝の第2代ファラオ、セティ1世が建設を始め、その息子の第3代ファラオ、ラムセス2世が完成させた神殿である。書き直しもその過程で行われたものだ。

アビドス神殿

書き直しの際は、漆喰で塗り固めて一度平らにし、そこに新しい文字を刻む方法が用いられた。ところが問題の箇所では、この書き直しの部分が時間の経過とともに浸食され、漆喰の一部がはがれ落ちてしまった。そのため前に彫られていたヒエログリフが姿を現し、新しいヒエログリフと混在※④するかたちで見えるようになってしまったのである。

●各レリーフを構成するヒエログリフ

先にも述べたように、オーパーツとされるレリーフは複数のヒエログリフによって構成されている。

しかしヒエログリフのことを知らないと、どんな組み合わせであのようなレリーフになるのかよくわからないのではないだろうか。そこで次項から各レリーフが実際どのヒエログリフによって構成されているのか、ひとつずつ具体的に解説してみよう。

①ヘリコプターのヒエログリフ

【解 説】「弓を表すヒエログリフ」の下側に、「腕を表すヒエログリフ」が２つ並んでいる（右側にある「腕を表すヒエログリフ」の上腕部は、一部欠けている）。

②潜水艦（戦車）のヒエログリフ

【解 説】「手を表すヒエログリフ」の上部に「カンヌキを表すヒエログリフ」がある。「カンヌキを表すヒエログリフ」の右側が破損しているため、潜水艦や戦車のように見える。

③戦闘機（UFO）のヒエログリフ

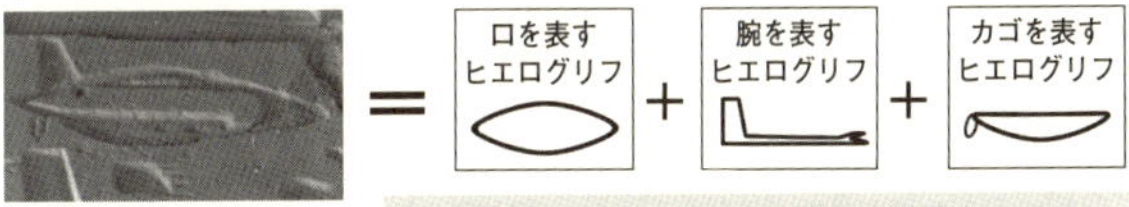

【解説】上記３つのヒエログリフが重なっており、「口を表すヒエログリフ」は機体本体、「腕を表すヒエログリフ」が尾翼部分、「(取っ手付きの）カゴを表すヒエログリフ」が機体下部に当たる。

④上から見たヘリコプターのヒエログリフ

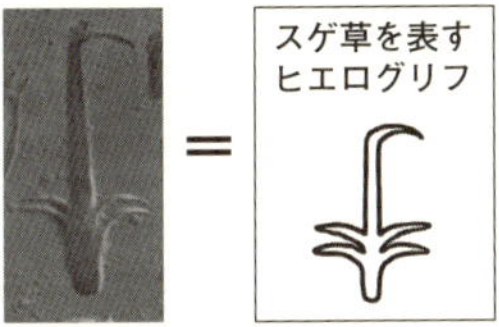

【解説】これは「スゲ草を表すヒエログリフ」そのまま。スゲ草は湿地帯などに生えるスゲ属の総称。古代エジプトで使われていたパピルスも、このスゲ草の仲間である。そのためか、エジプトの壁画などには、よくスゲ草のモチーフが登場している。

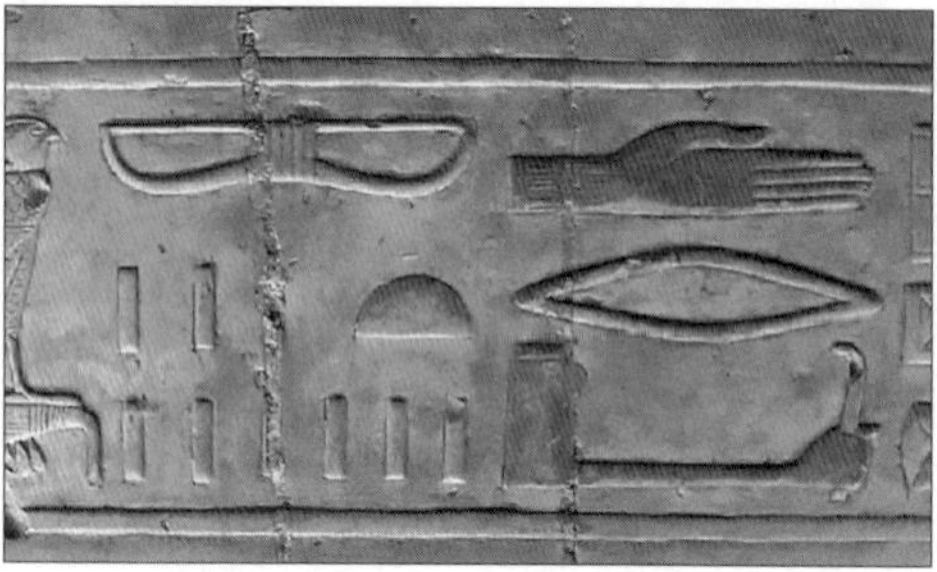
重ね書きされていないヒエログリフ（※⑤）

①ヘリコプターを構成するヒエログリフ

「弓を表すヒエログリフ」（発音：ペジュ）と、「腕を表すヒエログリフ」（発音：ア）が2つ横に並んだ状態で組み合わさっている。真上から見た図と言われているのは、「スゲ草を表すヒエログリフ」（発音：スウ）で、上エジプトの象徴としても使われる。

②潜水艦（もしくは戦車）を構成するヒエログリフ

「手を表すヒエログリフ」（発音：ド）と、「かんぬきを表すヒエログリフ」（発音：ス・ズ）が重なっている。

③戦闘機（もしくはUFO）を構成するヒエログリフ

「口を表すヒエログリフ」（発音：ル）と、「腕を表すヒエログリフ」（発音：ア）、さらに「取っ手の付いたカゴを表すヒエログリフ」（発音：ク）が組み合わさっている。

これらのうち、特に、手を表す「ド」、取っ手の付いたカゴを表す「ク」、スゲ草を表す「スウ」は、ヒエログリフを勉強して知っている人なら、問題のレリーフを見た瞬間に識別できるほどわかりやすいものである。

そのため、たとえいくつか重なっていても、ヒエログリフをヘリコプターや潜水艦、戦闘機などと誤って認識してしまうことはない。

ただし、ヒエログリフを知らない場合は（普通はそうだ）、そういったものに見えてしまうのも無理はない。偶然とはいえ、ヒエログリフが持つ独特のかたちがもたらした**絶妙な錯覚**は見事である。その絶妙加減を楽しむのもまた一興かもしれない。

（本城達也）

【注釈】

※①アビドス神殿…エジプトの都市ルクソールから北西に100キロほどのアビドスにある。正確にはセティ1世葬祭殿という。古代エジプト第19王朝のファラオ、セティ1世が建設を始め、その息子のラムセス2世が完成させた。

※②画像の出典…【ｗｅｂ】「On the Helicopter at Abydos」より。

※③ヒエログリフ…古代エジプトの象形文字。聖刻文字、神聖文字とも言われる。古代エジプト王国滅亡後は使われなくなり、長らく解読不能になっていたが、19世紀にフランスのエジプト学者シャンポリオンによって解読

された。

※④**混在するヒエログリフ…**前に書かれていた文字を消し、その上に新しい文字を書いたもののことを専門用語で「パリンプセスト」(Palimpsest)という。今回のように時間の経過と共に前の文字が再び見えるようになってしまったものもパリンプセストと呼ばれる。

※⑤**画像の出典…【ｗｅｂ】**「THE MYSTERY OF THE ABYDOS HELICOPTER」

■参考文献：

クラウス・ドナ、ラインハルト・ハベック『オーパーツ大全』(学研、２００５年)

並木伸一郎『決定版　超古代オーパーツＦＩＬＥ』(学研、２００７年)

マリア・カルメラ・ベトロ『【図説】ヒエログリフ事典』(創元社、２００１年)

秋山慎一『古代エジプト文字を読む事典』(東京堂出版、２００３年)

【ｗｅｂ】浅川嘉富「アビドスのオーパーツ」(浅川嘉富の世界)

【ｗｅｂ】無限空間「セティ一世の葬祭殿(アビドス)にあるヘリコプターの絵」

【ｗｅｂ】Thierry「The Abydos temple helicopter」(UFOCOM)

【ｗｅｂ】Larry Orcutt「Pharaoh's Helicopter?」Catchpenny Mysteries of Ancient Egypt

【ｗｅｂ】Lumir G. Janku「The Abydos Mystery」Abydos and Its Unusual Archeological Site

【ｗｅｂ】BORE LIST「helicopters carving on the wall of the ancient temple of Abydos」

17 古代の飛行機「サッカラ・バード」

【王墓から出土した奇妙な木製品】

推定年代
プトレマイオス朝
2000年以上前

伝説……

1898年、エジプトのサッカラ[※①]にある紀元前200年頃の王族の墳墓から、翼がついた奇妙な木製品が発見された。通称「サッカラ・バード」と呼ばれるこの木製品は、全長14・2センチ、両翼18・3センチ、重さは39・12グラム。当初は鳥をかたどった木製品と考えられたため、1919年から50年間、特に誰からも注目を集めることなく、カイロ博物館でひっそりと展示されていた。

ところが1969年、状況は大きく変わる。エジプトの考古学者カリル・メシハ博士[※②]が、サッカラ・バードの機械的な特徴に気付いたのだ。鳥にはない垂直尾翼、まるで航空機のような主翼、流線型の胴体。その姿は鳥というより、現代の飛行機かグライダーである。

カイロ博物館に所蔵されている「サッカラ・バード」。伝説では古代エジプトの飛行機の模型だというが…。(©Dawoud Khalil Messiha)

後に行われた専門家の調査では、博士の考えを裏付けるように、サッカラ・バードは航空力学的に見てもきわめて正確に作られているということが判明した。さらにメシハ博士自身も模型を使った実験を行い、見事、グライダーとしての飛行実験に成功している。サッカラ・バードのモデルは鳥ではなく、古代の大空を飛ぶグライダーだったのである。

真相

●取り付けられた水平尾翼

サッカラ・バードを伝説でいわれるように航空機として見たとしよう。すると、その場合にまずおかしいと気付くのは**水平尾翼の欠如**である。

水平尾翼は機体の上下方向の安定のために必要

なもので、これがないと機体が安定せず、うまく飛ぶことができない。ところが、伝説では航空力学の専門家がお墨付きを与えたことになっている。水平尾翼がないことには気付かなかったのだろうか？　いや、こんな大事なことを見落とす専門家がいるとは考えにくい。専門家がお墨付きを与えたという話自体が眉唾物※③だと思われる。

また、カリル・メシハ博士が行った実験についても大きな問題がある。博士が製作したグライダーの模型には、オリジナルにはない水平尾翼が**勝手に付け加えられていた**からだ。

オリジナルにないものを付け加えた状態で実験に成功したとしても、残念ながらそれはサッカラ・バードが飛行可能であることの証明にはならない。グライダー説を実証するのであれば、オリジナルに忠実な水平尾翼なしの模型で実験するべきだった。

水平尾翼

●マーティン・グレゴリーの飛行実験

ところで、実はメシハ博士以外にも模型を製作して飛行実験を行った者がいることをご存知だろうか。マーティン・グ

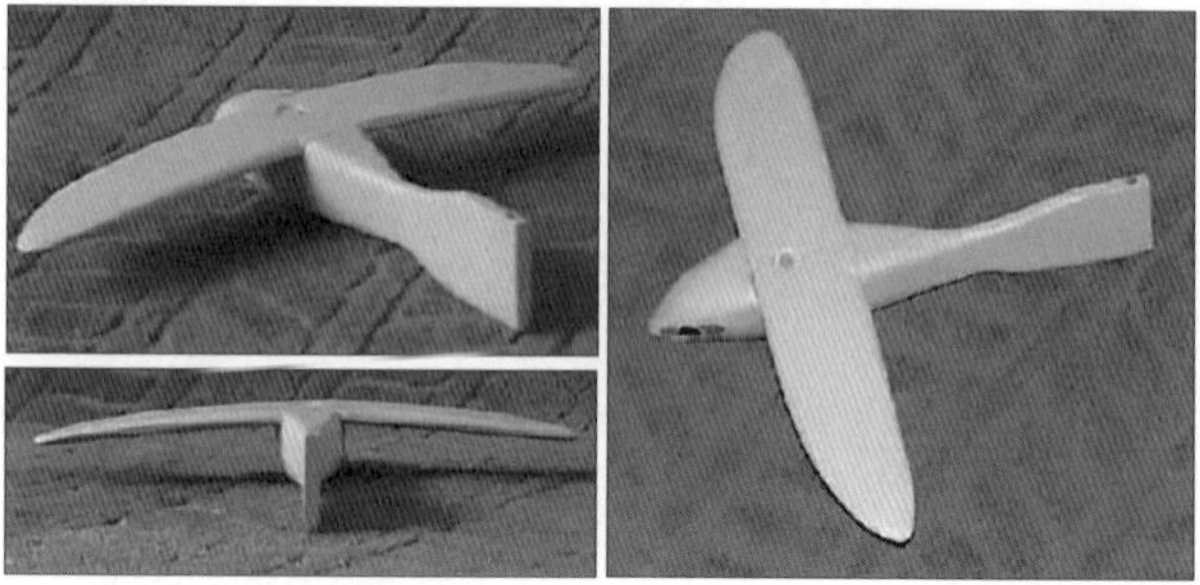
グレゴリーの作った模型。実験のために細部まで忠実に再現されているため、もちろん水平尾翼はついていない。（※④）

レゴリーというニュージーランドのグライダー製作者である。

　グレゴリーはサッカラ・バードの伝説に興味を持ち、オリジナルを細部まで検討して忠実な模型を製作した。左ページの写真はその実物である。

　実験ではこの模型を使い、グライダーとしての飛行性能が検証された。もちろんオリジナルに忠実であるため水平尾翼はない。果たしてサッカラ・バードの真の飛行性能はどのようなものだったのか？

　気になるその結果は、残念ながら**まったく飛べない**というものだった。さらに念のため水平尾翼を付けての実験も行われたが、こちらも飛行性能は完全に期待はずれに終わってしまった。

　グレゴリーは次のように結論している。

「この実験結果はサッカラ・バードが決して飛ばなかったことを示しています。サッカラ・バードの本来の用途は、

子どものおもちゃか風見鶏でしょう」

サッカラ・バードの頭部には目とクチバシが彫られており、そのモデルは明らかに鳥である。具体的には古代エジプトで神格化されていたハヤブサだと考えられる。

用途は宗教的な儀式を行う際の道具として使われたという説や、ハヤブサの頭を持つホルス神像※⑤の一種として飾られていたという説、他には王族の墳墓から発見されていることから、身分の高い子どものおもちゃ説や、尾の形状から風見鶏説なども考えられている。

このうち、埋葬品であるという点を考えると、宗教系の用途説と生前に故人が愛用していたおもちゃ説が現在までのところ有力なようである。

（本城達也）

【注釈】

※①**サッカラ…**エジプトの首都カイロから南へ25キロの地点にある古代の埋葬地。エジプト最古といわれるジェセル王の階段ピラミッド（左写真）をはじめ、数多くのピラミッドがある。

※②**カリル・メシハ…**（１９２４〜１９９８年）エジプト・ヘルワン大学の美術解剖学教授。医師、芸術家。考古学は趣味としてやっていたもので、本来の専門は美術解剖学である。

※③**眉唾物の話…**その他、サッカラ・バード自体の発見談も怪しい。このオーパーツを紹介した様々な書籍では、「ガ

ラスケースで展示されているときにメシハ博士が気付いた」という話から「保管室で箱に入れられ、ホコリに埋もれた中から発見された」という話まで、状況の異なるいくつかの発見談がもっともらしく流布されている。

※④**模型の写真…**【ｗｅｂ】「Flying the Saqqara Bird」より。

※⑤**ホルス神…**エジプト神話に登場する空と太陽を司る神。頭部がハヤブサ、体が人間の形で描かれることが多い。現在ではエジプト航空のシンボルになっており、旅客機の尾翼などでその姿を見ることができる。

■参考文献：

レニ・ノーパーゲン『オーパーツの謎─消えた先史文明』（パシフィカ、１９７８年）
クラウス・ドナ、ラインハルト・ハベック『オーパーツ大全』（学研、２００５年）
並木伸一郎『決定版　超古代オーパーツＦＩＬＥ』（学研、２００７年）
南山宏・監修『驚愕のオーパーツ&超古代ミステリー99』（双葉社、２０１０年）
Ivan Van Sertima『Blacks in Science: Ancient and Modern』（Transaction Pub. 1990）
【ｗｅｂ】Martin Gregorie「Flying the Saqqara Bird」（Catchpenny Mysteries of Ancient Egypt）
【ｗｅｂ】Larry Orcutt「Model Airplane?」Catchpenny Mysteries of Ancient Egypt

18 銃創の空いた頭蓋骨

【アフリカで発見された不気味な頭蓋骨】

推定年代

旧石器時代
15万年～
3.5万年前

伝説

１９２１年、アフリカのザンビアで不気味なネ[※①]アンデルタール人の頭蓋骨が発掘された。頭蓋骨の左頭部に小さな円形の丸い穴があり、そのちょうど反対側の右頭部にも同じような大きな穴が空いていたのだ。

何人かの考古学者が、この穴の謎を解明しようとした。しかし、誰も説明できる者はいなかった。鑑定にあたったベルリンの法医学チームによると、穴は高速で発射された弾丸が、左頭部を直撃し、右頭部から出た傷跡であろう、というものだった。

しかし、銃が発明されたのは14世紀になってからのことである。ネアンデルタール人が生存していた約15万年前から約３万５０００年前には、銃はまだ存在すらしていなかったのだ。

ネアンデルタール人の時代にも、矢や槍といった原始的な武器があった可能性はある。しかし、それらでは頭蓋骨にヒビが入ってしまい、問題の頭蓋骨にあるような丸い穴にはならない。では、頭蓋骨の穴はいったいどうやって空いたというのか。

この謎は現代でもまだ解明されておらず、様々な説が出されている。果たして謎が解ける日はくるのだろうか？

真相

この**【伝説】**の元ネタは、おそらくレニ・ノーバーゲン[※②]が書いた『**オーパーツの謎**』（1977年、邦訳の出版は1978年）だろう。ネアンデルタール人、ドイツの法医学者の鑑定といった話が登場したのも、ノーバーゲンの本が最初だ。その後、この伝説は幾度もブラッシュアップを経て、現代まで語り継がれてきたものと思われる。

考古学関係の真相解明サイト「バッド・アーキオロジー」[※③]は、この**【伝説】**を「**とにかく事実関係が間違いだらけだ**」と切って捨てている。サイトによれば、そもそも頭蓋骨はネアンデルタール人のものではないし、穴も何かが貫通してできたものではないという。いったいどういうことなのか。詳しく見てみよう。

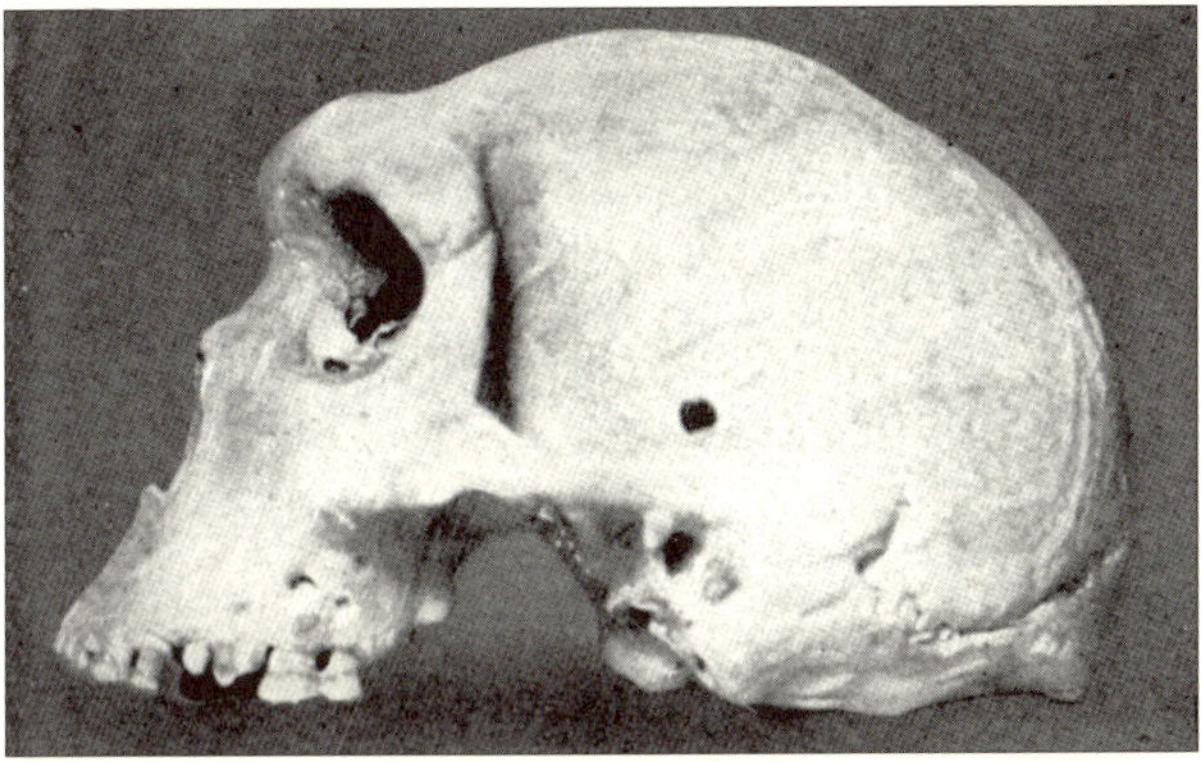

発見当時の「銃創の空いたネアンデルタール人の頭蓋骨」。左側頭部に銃創によく似た丸い穴が空いているのが分かる。

●頭蓋骨の正体

伝説の発端になったノーバーゲンの記述によれば、頭蓋骨はアフリカで見つかったネアンデルタール人のもの、ということになっている。しかし、ネアンデルタール人が分布していたのは、おもに**ヨーロッパからアジア**にかけての範囲で、アフリカにはそもそもネアンデルタール人は存在していなかったとされている。

では、問題の頭蓋骨は何なのか。

頭蓋骨の素性は、はっきりしている。約30万年前から12万5000万年前に生息していた古い人類の一種、**カブウェ人**※④である。

頭蓋骨が発見されたのは、1921年。【伝説】と同様、アフリカのザンビア（当時は英国領北ローデシア）で、ブロークン・ヒルという鉱山に

カブウェ人（ローデシア人）の想像図（Amédée Forestier,1922）

あった石灰岩の洞窟で見つかったため、場所にちなんで「ブロークン・ヒルズ人」とも呼ばれている。

カブウェ人の頭蓋骨には、それまで発見されていたネアンデルタール人にはない特徴があった。ネアンデルタール人の頭蓋骨は、現生人類に比べ眼窩の上部が張り出しており、頭部が前後に長く伸びている。一方、カブウェ人は、眼窩の上部がより強く張り出しているが、頭部の形は現生人類に近い。そこから現在では、カブウェ人こそ現生人類とネアンデルタール人の**共通祖先**で、それぞれ枝分かれして進化していったのだと考えられている。

ここで気になるのが、ノーバーゲンの記述である。

ノーバーゲンは、頭蓋骨の発見場所などを正しく記しているわりには、肝心の頭蓋骨をネアンデルタール人のものとしていた。では、『オーパーツの謎』が書かれた当時、カブウェ人とネアンデルタール人が混同されていたのか、というと決してそんなことはない。発見直後に頭蓋骨を調査した[※⑤]アーサー・スミス・ウッドワードは、ネアンデルタール人との違いに気づき、「ローデシア人（*Homo rhodesiensis*）」という新しい学名を提案している。[※⑥]両者が一緒にされたことは一度もないのである。

●伝説に潜んだ〝裏〟の意味

では、なぜノーバーゲンは素性のはっきりしている頭蓋骨をネアンデルタール人だと言い張ったのだろうか。

その理由を探るために、「撃たれた」「ネアンデルタール人」をキーワードに調査をしてみた。すると、インターネット上で実に興味深い記述を発見した。

１９９４年、大英博物館の[※⑦]クリス・ストリンガーという人類学者が頭蓋骨の傷跡の再調査を行った。その際、**創造論者との間で論争**が起きたというのである。

創造論とは、聖書にある『創世記』を根拠に、生命の起源を創造神に求める考え方を指す。

創造論によれば、人類を含むあらゆる生命体は、今ある形のまま、神によって創り出されたことになっている。したがって、そこに進化という概念は存在しない。化石はあくまでノアの大洪水で滅びた動物の骨であるし、猿人や原人と呼ばれているものも単なる大昔のサルの一種にすぎないのだ。

だが、そんな創造論でも不思議とネアンデルタール人だけは許容している。現在の主流の学説では、ネアンデルタール人は現生人類の祖先ではなく、「もうひとつの人類」※⑧だったと考えられている。そのため、ネアンデルタール人は洪水後に滅びた未開の人間だったと考えれば、創造論ともぶつからないからだ。

しかし、カブウェ人の存在はとことん都合が悪い。小さめの脳の容量といい、頭蓋骨の形状といい、カブウェ人が現生人類の祖先である可能性は高い。その存在を認めてしまえば、創造論の立場が危うくなってしまうからである。

1994年の論争も、そのカブウェ人を認めるか、認めないかが争点になった。

カブウェ人の存在に異を唱える創造論者は、頭蓋骨は「銃が発明されて以降のもので、鉱物の作用によって化石状になったもの」だと主張した。頭蓋骨の穴が銃創だとすれば、それは現生人類に殺された証拠に他ならない。発見された頭蓋骨に現生人類と違う特徴があるのは、それが病気※⑨の個体だったか、もしくは、洪水を生き延びた未開の人類であるネアンデルタール人のものだったかで、カブウェ人として分類するのは間違っている、という論法である。

実は頭蓋骨の伝説を広めたノーバーゲンもまた、熱心な**創造論者**だった。

彼は銃創のある頭蓋骨について「人類の歴史の初期に撃たれた」と書いているので、進化論を常識としてきた私たちはつい勘違いしてしまうのだが、ここで言う人類の歴史の初期とは**ノアの大洪水の前10世代の出来事**という意味である。

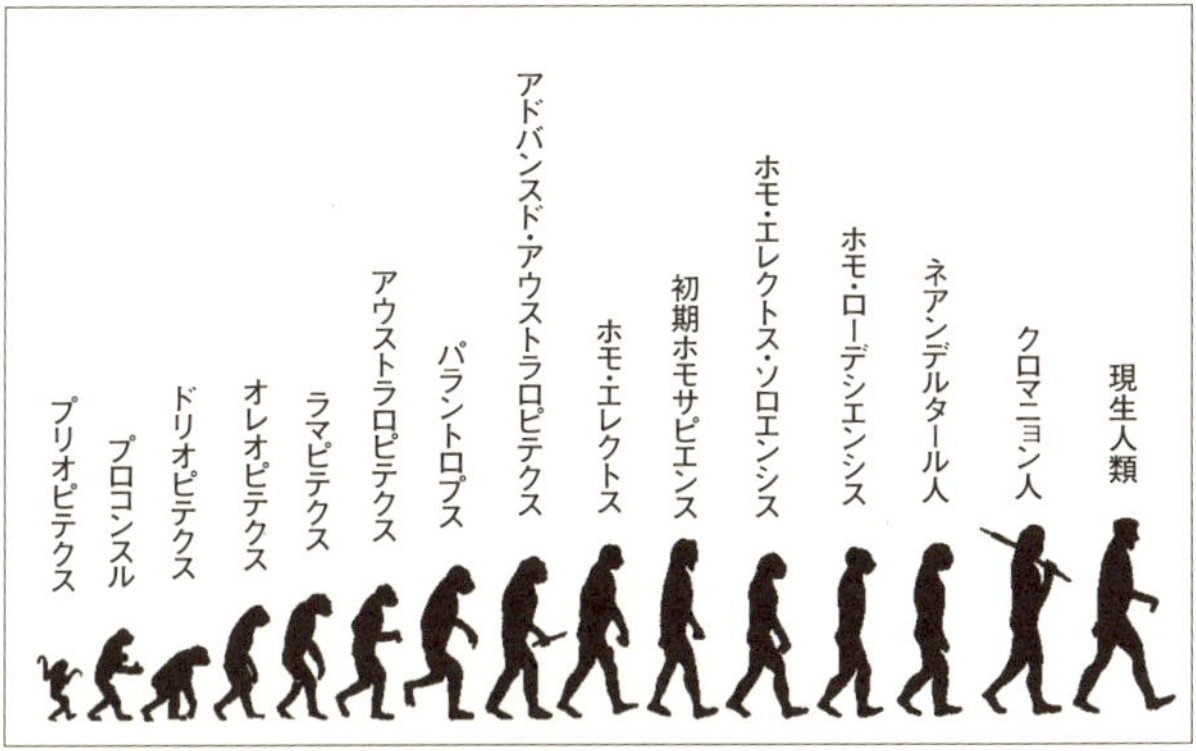

人類の進化を表した図（※⑩）

ノーバーゲンは人類は誕生後6世代で現代文明と同じ水準に達し、その後4世代で超古代文明を作り上げたと考えている。つまりあっという間に銃を持つまでに発達した文明人が、進歩から取り残された哀れな未開人を銃撃したと語っているのである。

世間でオーパーツとされているものの中には、創造論的な解釈が施されたために〝神秘的な存在〟になっているものが少なくない。ネアンデルタール人の頭蓋骨もまた、そうした**作られたオーパーツ**の典型的なものだったのである。

●穴はなぜ空いたのか？

では、銃創だとされる頭蓋骨の穴はどうやって空いたのだろうか。

まず「内側から吹き飛ばされた」とされる右頭部の大きな穴である。

穴の形状を鑑定した結果、これは死後になって、それも**化石になる過程で空いた**ものであろうと考えられている。カブウェ人ほど古い年代の頭骨が、傷ひとつない形で出土することはまずない。むしろ、欠損がない方がおかしいのである。

しかし、左頭部に空いた穴は厄介である。

保存状態が良い左側には、大小4つの損傷がある。側頭骨鱗部に2つ、乳様突起に1つ、側頭骨錐体部に1つだが、位置としてはみな耳のまわりで、そのうち1つが丸い「銃創」と言われている穴だ。外側が直系8・4×6・7ミリ、内側が10・4×8・7ミリで、楕円形をしており直径は外側の方が小さくなっている[※11]。

銃痕とされる穴が**生前に損傷**したもので、さらに**治りかけ**であるという点は、多くの研究者で一致している。しかし、その理由というのがいまひとつはっきりしない。

長年、有力だったのは、急性もしくは慢性の**耳の疾患**で空いたという説だった。だが、1994年に調査したストリンガーらは、そうではなく、比較的珍しい[※12]**骨の疾患**が原因ではないかと主張している。

ストリンガーらの説がどれほど信ぴょう性があるかは不明であるが、外側が小さいという穴の形状から考えると、少なくとも**銃弾やつぶてなどで空けられた可能性は低い**。さらに何かが頭を貫通したということも考えられない。その場所を撃たれて、生きている人間はまずいないからだ。

カブウェ人の死因に関しては、**歯が原因だったのではないかとする説**もある。頭蓋骨に残された歯のうち、10本に虫歯のような痕跡が残っていたからだ。この説を主張する研究者によれば、カブウェ人は**虫歯の痛みに蝕まれて衰弱死**したという。虫歯は現代病という私たちの思い込みをひっくり返してくれるような話である。

21世紀になって現生人類とネアンデルタール人は遠い親戚なのか、それとも混血が可能な近い種族だったのかが盛んに議論されている。人類がどのような進化の道をたどってきたのかを考えるとき、カブウェ人は「現役」の化石標本である。約100年前に発見された頭蓋骨はまだ謎を秘めているのだ。

（ナカイサヤカ）

【注釈】

※①**ネアンデルタール人…**ユーラシア大陸旧石器時代の絶滅人類。かつては現生人類の祖先（旧人）とされていたが、現在は現生人類との関係については意見が分かれる。ムスティエ文化という石器文化を創った。

※②**レニ・ノーバーゲン…**オランダ・グローニンゲン生まれの作家、創造論者。聖書を中心に考えれば、オーパーツは正しいとの立場をとる。主な著書に『オーパーツの謎――消えた先史文明』（パシフィカ、1978年）、『ノストラダムスの予言した第三次世界大戦』（パシフィカ、1980年）などがある。

※③**バッド・アーキオロジー…**考古学データが間違った形で使われたり広がったりすることに対して、熱心な真相解明を行っているイギリス・ハートフォードシャーの地元考古学者ケイス・フィッツパトリック・マシューズのサイト。超古代文明、聖書考古学、陰謀論など広い範囲の異説を対象としている。

※④**カブウェ人…**発見当時はネアンデルタール人（旧人）がクロマニヨン人（新人）に進化したと考えられていたため、北京原人やジャワ原人と同じ原人の一種だとされた。

※⑤**アーサー・スミス・ウッドワード…**（1864〜1944）イギリスの古生物学者。1901年に大英博物館の自然史博物館館長に就任。初期の古人類研究に取り組んだが、ピルトダウン人捏造事件で偽人骨に騙されるという失敗もしている。

※⑥**カブウェ人の名称…**この頭蓋骨にはいくつも違った名前がついている。標本名は「ブロークンヒル1」、通称は「カブウェ頭骨」、人種の学名は「ローデシア人」でより大きな分類は「ホモ・ハイデルベルケンシス」となる。独立国となったザンビアはローデシアという名よりもカブウェ人という名称を好んでおり、標本の返還を要求している。

※⑦**クリス・ストリンガー…**（1947〜）イギリスの人類学者。現生人類は、ネアンデルタール人の後を追うようにアフリカから世界へと広がったという説を展開している。主な著書に『出アフリカ記』（岩波書店・2001年）など。

※⑧**もうひとつの人類…**ネアンデルタール人は脳の容量も大きく、道具を作り、文化も持っていた。

※⑨**発掘されたのは病気の個体…**ネアンデルタール人の脳容量が大きいため、発見当初は、単に病気の現代人なのではないかという意見も多かった。創造論者はそうした見解を採用したわけである。

※⑩**図版の出典…**【ｗｅｂ】「unmasking evolution」より。

※⑪**頭蓋骨の穴の由来…**カブウェ人が鉱山で発見されたことから、ツルハシや掘削機で空けた穴なのではないかという指摘もある。４つの穴のうち1つは明らかに工具によるものなので、間違いではないが、銃創とされる穴は別である。

※⑫**骨の疾患…**ストリンガーは、穴の空いた原因が骨の腫瘍だったのではないか、と考えている。しかし、頭蓋骨にできる腫瘍の中には有力候補がないため、原因は再び謎になっている。

■参考文献：
レニ・ノーバーゲン『オーパーツの謎』（パシフィカ、１９７８年）
【ｗｅｂ】「バッド・アーキオロジー」（http://www.badarchaeology.net/data/ooparts/neanderthal.php）
Woodward, Arthur Smith「A New Cave Man from Rhodesia, South Africa」〈Nature 108（1921）：371-372.〉
P.Q Montgomery, H.O.L.Williams, N. Reading, C.B. Stringer『An Assessment of the Temporal Bone Lesions of the Broken Hill Cranium』〈Journal of Archaeological Science（1994）21, 331-337〉
【ｗｅｂ】「ストリンガーと創造論ネアンデルタール研究家クオッゾの交換書簡」
Ｄ・Ｗ・フィリップソン、河合信和訳『アフリカ考古学』（学生社、１９８７年）
【ｗｅｂ】「スミソニアン博物館の人類史サイトにあるカブウェ人の解説（英語）」

19 タッシリ・ナジェールの宇宙人

【世界遺産に残された未知との遭遇の記録】

推定年代
新石器時代
8000年~
2000年前

伝説……

砂と渇きの世界が広がる、アフリカのサハラ砂漠※①。

その中央部に実に奇妙な場所がある。アルジェリアの東南部に広がる全長５００キロほどの台形型の山脈「タッシリ・ナジェール」である。

この場所をミステリースポットたらしめているのは、その巨大さだけではない。山脈の岩肌に白や赤茶色など豊かな色彩で、数千もの岩絵が描かれているのだ。

この岩絵が描かれたのは、今から約２０００～８０００年前の新石器時代。ワニやウシといった動物や当時の人々の暮らしを題材にしており、現在ではすでに絶滅した生物の姿も見られることから、サハラ砂漠がまだ緑に覆われていた時代を伝えるものとしてユネスコの世界遺

タッシリ・ナジェールの宇宙人の岩絵。右が宇宙服を着た異星人の姿を描いたとされる「火星の神」、左が角が生えた人間の姿が描かれているように見える「白い巨人」。

産にも登録されている。

だが、タッシリの凄いところはそこではない。岩絵の中には、新石器時代には存在しなかったはずの謎の物体が描かれているのである。

たとえば、人間の姿を描いたとされる「火星の神」と呼ばれる岩絵は、どう見ても宇宙服を着た何かを描いているようにしか思えない。「白い巨人」と呼ばれる岩絵には、人間の頭から角のようなものが生えている。

その他の動物の岩絵が驚くほど写実的に描かれていることから推測するに、古代人はおそらくこれらの奇妙な物体とも遭遇していた可能性が高い。そう、これこそ古代人が描いた宇宙人の姿なのである。

真相

タッシリ・ナジェールの岩絵は、[※②]膨大な数に及び、広大な山地に広がる無数の洞窟に、何層にも渡って重ね書きされている。

岩絵が発見されたのは、20世紀になってフランス軍がアルジェリアに駐留するようになってからだった。本格的な研究は戦後になって盛んになり、1956年にはアンリ・ロート※③率いる調査隊が現地入り。時間をかけて岩絵の模写と調査を行い、翌年にはパリで成果を発表した。

しかし、1987年にタッシリが世界遺産に登録され、多くの観光客を集める人気のスポットとなった裏には、1960年代末に始まる大掛かりな「伝説作り」があった。

その伝説こそスイスの実業家、エーリッヒ・フォン・デニケン※④が唱えた〝**古代宇宙飛行士説**〟。宇宙人が超古代に地球を訪れ、それを神だと思った人類が様々な伝説として語り継ぎ、絵を描き、形として遺したという、驚きの説である。

●古代宇宙飛行士説と砂漠の秘境

〝古代宇宙飛行士説〟は、デニケンが本家ではない。1950年代にはこうした考え方はすでに存在しており、それ以前にもチャールズ・フォートらも同様の考えを提示したことがあった。だが、まだマニアックなものに過ぎず、なかなか浸透していなかった。

デニケンは、そうしたマニアックな考えを広めるために、タッシリ・ナジェールに目をつけた。1960年代のタッシリ・ナジェールは今のように観光地化されていない、秘境中の秘境だった。問題の岩絵はほとんど知られていない。ならば、ということである。

タッシリ・ナジェールの〝宇宙飛行士風〟の岩絵を取り上げたデニケンの著作『神々の戦車』※⑤は、大ベストセラーになった。おりしもUFOブームの中、宇宙人が地球を訪問したという記録が世界中にあって、学者が無視しているだけだという主張は、世界各国でセンセーションを巻き起こした。デニケンの著作は累計で6000万部を超えるほど売れたとされている。

では、岩絵はデニケンの言うように宇宙人を描いたものなのか。現代の研究成果を紹介しよう。

岩絵は時代が経ると描写が細かくなる（©sunsinger）

●「宇宙人の岩絵」の正体

タッシリの岩絵は、大きく4つのグループに分けられる。狩猟民の時代（円頭人の時代）、牛飼いの時代、馬の時代（戦車の時代）、ラクダの時代の順番である。

狩猟民たちの時代、サハラはいまのような砂漠ではなく、カバやワニが暮らせる大きな水場や川があった。ここで人々は魚を捕り、植物を集め、獣を狩って生活していたのだろう。年代はまだはっきりしないが、おそらく彼らは今から8000年か、7000年前にやってきて、4000年前にはいなくなったらしい。宇宙人とされる絵は、ちょうどこの狩猟民たちの時代に描かれている。

デニケンが取り上げたのは、1956年に調査を行ったアンリ・ロートが「偉大な火星神」というニックネームをつけた「潜水服か、宇宙服を着ているように見える」大きな岩絵だった。※⑥しかし、この絵は近年になって劣化が激しくなり、写真撮影も難しくなった。そのためか、最近では頭に角がある「白い巨人」や、丸い頭から二本の突起が飛び出している「泳ぐ人」などが、宇宙人とされることが多い。要は**どれでもいい**のだ。

これらはすべて狩猟民の時代の絵である。同時代の岩絵には動物を描いたものもあるが、頭に5本の突起があるなど、御世辞にも**写実的とは言いがたい**。

これに対して、次の年代である「牛飼いの時代」の岩絵はかなり洗練されている。牛飼いは狩猟民よりも後に同地にやってきて、約2000年前まで暮らしていたとされている。彼らは自分たちの日常生活もよく題材に選んでいる。テントで暮らし、ウシを飼い、戦争をする人々だ。〝驚くほど写実的〟な動物の絵を描いたのは彼らである。

ぱっと見ただけでは分からないが、タッシリ・ナジェールの岩絵は、何重にも重ねて描いてある。そのため、同じ壁面にある絵でも、描かれた時期に数百年から数千年の隔たりがある。

狩猟民たちはもっぱら幻想的で不思議な絵を描いた。それを「写実的な宇宙人」とするには無理があるのだ。

それでは、宇宙人を描いたとされる岩絵の正体は何なのだろうか。

ロートは、「火星神」は**仮面を被った人**ではないか、と考えている。狩猟民の時代の人物像は、顔に仮面のようなものを被った状態で描かれていることが多い。仮面そのものを描いたと思しき絵もあるため、こちらの方が宇宙人説よりもよほど信ぴょう性があるだろう。

タッシリ・ナジェールのような洞窟絵画は、サハラのあちこちで発見されているが、複数の国にまたがっているため、なかなか総合的な研究が進まない。新たな展開が見えるまで、タッシリの岩絵が消えてしまわないことを祈るばかりである。

（ナカイサヤカ）

【注釈】

※①**サハラ砂漠**…アフリカ大陸北部にある世界最大の砂漠。その面積はアフリカ大陸のおよそ3分の1にあたる。付近一帯は古くから湿潤と乾燥の期間が繰り返しあったとされており、今から約8000年から5000年前までは川が流れ、木々が生い茂る湿潤な土地だったといわれている。本項で取り上げる「タッシリ・ナジェール」も日本語に直せば、「河川の台地」である。

※②**膨大な数**…岩絵の総数は、2万点とも3万点ともいわれている。

※③**アンリ・ロート**…（1903~1991）フランスの探検家。サハラの民族史と洞窟絵画の研究家としても知られている。余談だが慶応大学から彼に寄贈された縄文土器がバヌアツの土器と混じってしまったため、1996年の「バヌアツの縄文土器」事件（1996年8月、読売新聞が「南太平洋のバヌアツで縄文土器が発見」とのスクープを報じた。のちに専門家が調査したところ、それらは日本で出土したもので、バヌアツの土器に混入しただけだったことが判明。新聞は訂正記事を出した）の原因を作ることになった。

※④**エーリッヒ・フォン・デニケン**…17ページの注釈参照。

※⑤**『神々の戦車』**…デニケンのデビュー作。日本では早川書房から『未来の記憶——超自然への挑戦』（1969年）の題名で発売された。

※⑥**アンリ・ロートがニックネームをつけた**…ロートの著書『タッシリ遺跡　サハラ砂漠の秘密』（永戸多喜雄訳、毎日新聞社、1960年）には、「頭は丸く、はっきりとした唯一の特徴部は顔の真ん中にある二重の卵型で、それが私たちが一様にイメージを抱いているマルタ人を想像させた」と書かれている。翻訳者が原文に「火星人」とあるのを間違いだと思って、「マルタ人」と訳してしまったのだろう。また、ロートが「当時の神」と呼んでいるのは大きなカモシカの絵である。

■参考文献：

野町和嘉「サハラ&砂漠の画廊　タッシリ・ナジェール古代岩壁画」（新潮社、2010年）
【web】「Saharan Prehistory & Rock Art」
Georg Gerster Translated by Stewart Thomson『Sahara, Desert of Destiny』(Coward-McCann, NewYork, 1961)

【第四章】「アジアの超古代文明」の真相

20 【高度な科学力を持ったまぼろしの大陸】ムー大陸は実在したか？

推定年代
中石器時代
1.2万年
以上前

伝説

悠遠の太古、太平洋には「ムー」という大陸が存在した。この大陸は東西８０００キロ、南北５０００キロにおよぶ広大な陸地で、そこには約６４００万もの人々が平和に暮らし、現代文明をもはるかに上回る高度な文明を築いていた。

このムーを統治していたのは宇宙創造神の地上代理人である賢者の王ラ・ムーである。国民はラ・ムーのもと、優秀な学問と文化、建築、航海の術を発達させていた。そして太陽の象徴を旗印に、世界[※①]をその支配下に置いていたという。

しかし今から約１万２０００年前、突然悲劇が訪れる。不気味な地鳴りとともに湧き起こった大地震が大陸を襲い、それにともなって発生した大津波にのみ込まれ、わずか一夜にしてす

チャーチワードらの主張する「ムー大陸」。はるか昔、現在のサモアやイースター島、ハワイを覆う超巨大な大陸があったというが……。

べてが崩壊してしまったのである。

真相

日本ではアトランティスと双璧をなすムーの登場である。アトランティスはさかのぼっていくと古代ギリシャのプラトンの著書にたどり着くが、ムーはイギリスのジェームズ・チャーチワード※②の著書にたどり着く。ここではそのチャーチワードの著書をもとにムー実在の可能性を探っていこう。

●「ナーカル碑文」と「メキシコの石板」

まずチャーチワードの著書を読んでみると、その意外な新しさに気づく。

原書のシリーズが出版されたのは1930年前後なのである。**まだ100年も経っていない。**アトランティスのプラトンの著書が2000年以上前に記されたことを考えれば、相当に新しい。

しかしチャーチワードによれば、彼が記したムーの伝説は**「ナーカル碑文」**と**「メキシコの石板」**という2種類の古文書をもとにしているという。これらはムーの聖典「聖なる霊感の書」をもとに記されたもので、ムー伝説を知る上での最重要文献という位置づけになるようだ。

それではこの2種類の古文書は、いったいどういった経緯でチャーチワードに伝わったのだろうか。チャーチワードの著書『失われたムー大陸』[※③]によると、「ナーカル碑文」の方は彼がイギリス軍の軍人として1862年にインドに配属されていた頃にさかのぼるという。当時、チャーチワードがいた土地にはヒンズー教の古い僧院があり、彼は救済活動や古代文字の研究活動などを通じて、その僧院の院主である高僧と個人的に親しくなっていた。

そんなある日のこと。高僧は、古くから伝わる貴重な粘土板が僧院の秘密の穴倉にたくさん眠っていることを打ち明けた。チャーチワードはこの話を聞くと大変興味を示し、破損を防ぐためにも倉から出して保存状態をあらためるべきだと何度も説得を重ねた。しかし高僧は首を縦に振らない。だがチャーチワードもあきらめない。折にふれては説得を続けた結果、高僧も度重なる説得に折れ、ついに半年後のある晩、秘密の粘土板を眠っていた穴倉から出してくれたという。

それこそが「ナーカル碑文」である。チャーチワードと高僧は2年の歳月をかけてこの「ナー

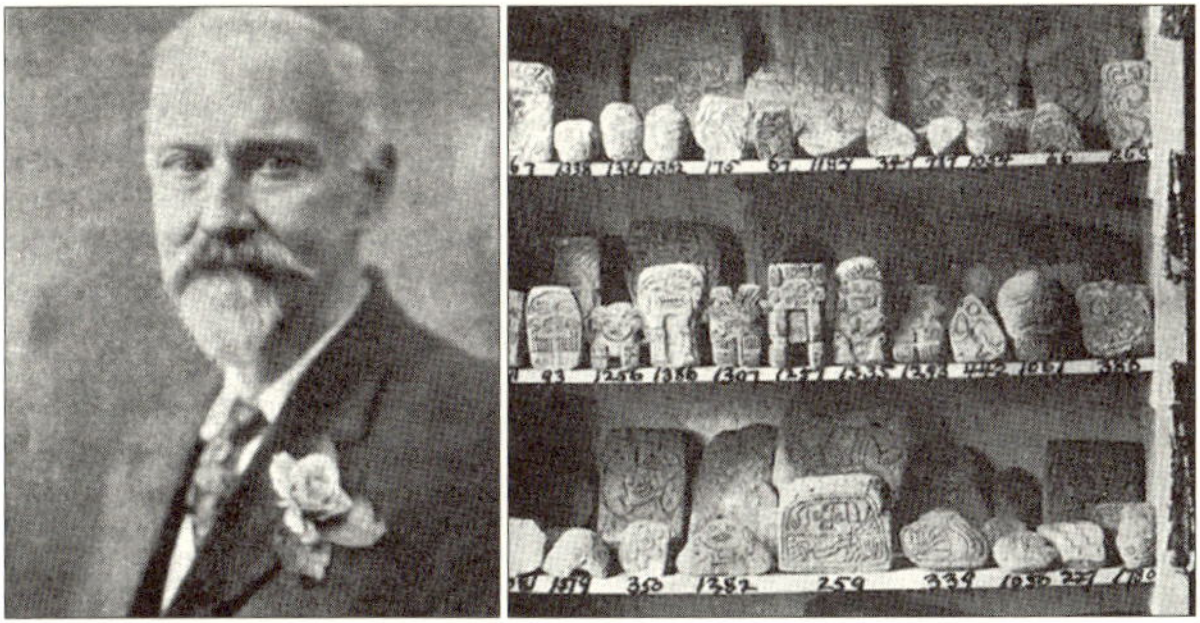

ムー大陸の提唱者、ジェームズ・チャーチワード（左）とムー大陸の重要文書とされる「メキシコの石版」（右）（※④）

カル碑文」を解読し、そこに記されていたムーの歴史を読み取ったとされる。

以上が「ナーカル碑文」にまつわる経緯だ。経緯がわかったところで、問題は**この話がどこまで本当なのか、**という点に移る。実は、チャーチワードは碑文が発見されたという僧院の名前や場所を一切明らかにしていない。理由は序文で「僧院の希望による」と簡単に書いているのみだ。

またチャーチワードは著書の中で、「ナーカル碑文」の写真も一切掲載していない。つまり、僧院の名前や場所もわからず、肝心の「ナーカルの碑文」の写真もまったくないという状況なのである。あるのは**チャーチワードの話のみ**だ。話の内容が大変突飛であることを考えれば、それを支えるだけの強力で客観的な証拠は必要不可欠である。しかし、その客観的な証拠は皆無に等しい。これでは残念ながら信用には値しない。

それではもうひとつの最重要文書とされる「メキシコの石板」の方はどうだろうか。こちらはアメリカの鉱物学者※⑤ウィリアム・ニーベンがメキシコで集めた総数2600点ほどの石板である。チャーチワードは、前述の「ナーカル碑文」を補足する文書を探すため世界を旅していた際、メキシコでこの石板と出会ったのだという。彼の著書にはその写真が掲載されている。またニーベンも実在の人物であることは確かめられている。そのため「ナーカル碑文」とは違って、「メキシコの石板」については確かに存在する物のようである。

しかし問題は、その石板は実在しても、そこに記されている内容を解読したというチャーチワードの話の信憑性である。実は、「メキシコの石板」からムーの伝説を〝解読〟できたと主張しているのは**チャーチワードただ一人**。そもそもニーベンの「メキシコの石板」は、正規の考古学的発掘品としては認められていない。つまり実在はするものの、その**信憑性には大きな疑問符がつく**というのが妥当な結論のようである。

●「トロアノ古写本」と「ラサ記録」

さて以上のように、チャーチワードが最重要文献としてあげる2つの古文書はきわめて怪しいことがわかった。しかし彼が自説の根拠としているものは他にもある。**「トロアノ古写本」**と**「ラサ記録」**だ。チャーチワードによれば、これらにもムーに関する情報が記されていると

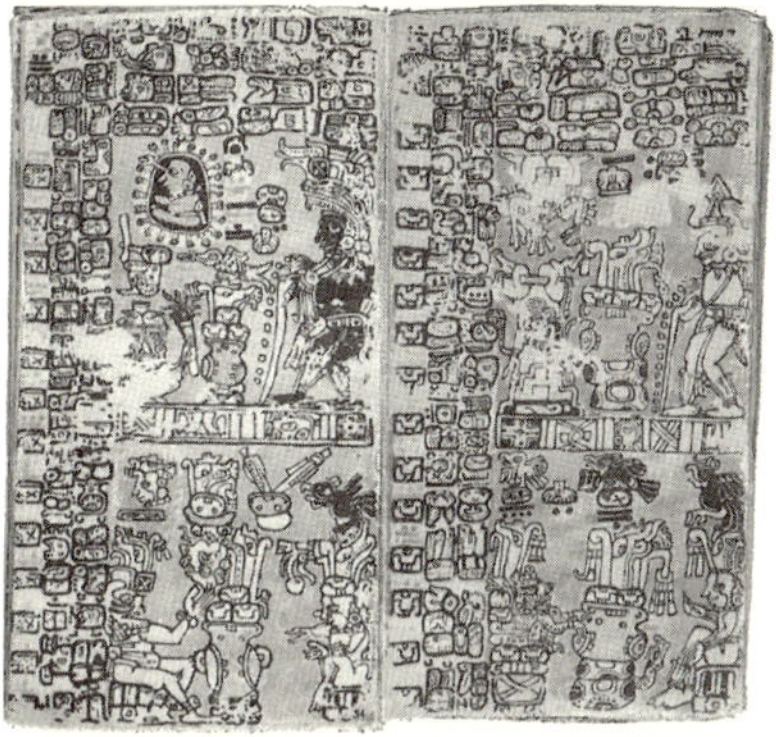

ムー大陸の記録が描かれているというトロアノ古写本

いう。そこで最後にこの二つを取り上げておきたい。

まず「トロアノ古写本」[※⑥]は、フランスの神父シャルル・ブラッスールや、医師のオーギュスト・ル・プロンジョンらが独自に〝解読〟した結果、失われたムー文明の記録が記されていると主張したものである。

ところが後の研究の進展により、**彼らの〝解読〟は誤りだった**ことが判明している。「トロアノ古写本」に記されていたのは失われたムー文明の記録ではなく、マヤの占星術に関する記録だったのである。ムーはまったく関係がなかった[※⑦]。

一方、「ラサ記録」の方は、1912年の『ニューヨーク・アメリカン紙』に載ったパウル・シュリーマンの記事をもとにしたものである。

記事によれば、トロイア遺跡の発掘で有名なハインリッヒ・シュリーマンの孫パウルが、チベットのラサにある寺院で4000年前に記されたという古文書を発見。そこには**「トロアノ古写本」の記述と一致**する謎の古代文明ムーに関する話が記されていたという。

……はて？ 「トロアノ古写本」の記述と一致？ そう、すでに見たように「トロアノ古写本」に記されていたというムーの話は誤りだったことがわかっている。そのためラサの寺院で記述が一致するような古文書が発見されるはずがない。では記事に載っている話は一体何なのか。実はこの話、大衆の失われた古代文明に対する強い関心を利用する目的で書かれた**ニセ記事だったことが判明**している。ジャーナリストがパウル・シュリーマンの名を騙ってデッチ上げたものだった。よって「ラサ記録」なるものは実在しない。

さて、こうしてみると、チャーチワードが自説の根拠とした古文書はどれも信憑性の低いものばかりであることがわかる。これでは残念ながら、彼が主張するような超古代文明ムーの実在の可能性もきわめて低いと結論せざるを得ないようである。

（本城達也）

【注釈】

※①**世界をその支配下に置いていた…**ジェームズ・チャーチワード『失われたムー大陸』によれば、当時、大西洋に存在していたというアトランティスもムーの支配下にあったとされる。

※②**ジェームズ・チャーチワード…**（1851～1936）イギリス人作家。ムー大陸の提唱者。1926年に『失

われたムー大陸』を出版。その後も、ムー大陸に関連する書籍を出版した。

※③**イギリス軍の軍人…**チャーチワードは大佐だったと主張しているが、イギリス軍の記録には彼に該当するような人物はこれまで見つかっておらず、軍歴については疑問視されている。

※④**画像の出典…**左画像：James Churchward『The Lost Continent of Mu』(Ives Washburn, NY, 1931)、右画像：James Churchward『The Children of Mu』(Ives Washburn, NY, 1931)

※⑤**ウィリアム・ニーベン…**（1850〜1937）アメリカの鉱物学者。スコットランド生まれ。1921年にメキシコで発見した総数2600点あまりの絵が描かれた石板類は「ニーベン・タブレット」と呼ばれている。

※⑥**トロアノ古写本…**スペイン人による焼却処分をまぬがれて残った貴重な古写本のひとつ。もとは「コルテシアノ古写本」と一組で、「トロ＝コルテシアノ古写本」という一冊の本だった。

※⑦**関係がなかった…**トロアノ古写本自体は関係がなかったものの、ル・プロンジョンらが独自に〝解読〟した内容は、チャーチワードにとって「ムー」の名前や着想を得るきっかけになったと考えられている。

■**参考文献：**
ジェームス・チャーチワード『失われたムー大陸』（角川春樹事務所、1997年）
ジェームズ・チャーチワード『ムー大陸の子孫たち』（大陸書房、1986年）
ジェームス・チャーチワード『ムー帝国の表象（シンボル）』（角川春樹事務所、1997年）
E・B・アンドレーエヴァ『失われた大陸』（岩波書店、1963年）
L. Sprague De Camp『Lost Continents』（Dover 1970）

21 【現代技術でも動かせない巨石オーパーツ】バールベックの巨石の不思議

推定年代
帝政時代
1世紀〜3世紀

伝説

中東・西アジアのレバノンにあるバールベック[※①]の遺跡には、世界最大の巨石オーパーツが存在する。

まずは通称「トリリトン」（驚異の三石）と呼ばれる3つの組み石で、バールベックの遺跡の象徴でもあるジュピター神殿の土台に使われている石だ。この三石は、長さが約18メートル、高さと幅は約4メートル、重さは650トン〜970トン。建築物に使われた切石としては世界最大である。

一方、建築物には使われていない切石として世界最大の規模を誇るのが、通称「南方の石」と呼ばれる巨石だ。これはジュピター神殿から南西に約1キロ離れた場所に存在している。そ

ジュピター神殿。ローマの初代皇帝アウグストゥスの時代に建設が始まり、第5代ネロ帝の時代に完成したとされる（©Paul Saad）

の大きさは、長さが約21・5メートル、高さ4・2メートル、幅4・8メートル、重さはなんと2000トンもある。一体、これほど大きな石をどうやって運んだのだろうか？

イギリスBBC放送で行われた実験では、丸太のコロ※②を使い、1トンの切石を1日1マイル（1・6キロ）運搬するのに16人必要だという試算が出ている。

この試算に基づけば、トリリトンのような最大970トン級の巨石では1万5000人以上が必要で、南方の石では3万2000人も必要となってしまう。

しかし、これだけの規模になると、ロープの強度の問題や、多くの人たちの力をひとつに集中させることの難しさなども出てくるため、現実には運搬不可能といえる。

また一方で人力ではなく、現代の最新技術を用いても巨石の運搬は不可能である。世界最大のクレーン運搬装置の吊り上げ可能な重さの限度は、NASAがロケットの移動に使用しているもので700トンしかないからだ。

したがって、バールベックの巨石に対しては、人力も最新技術もまったく歯がたたないということになる。これぞまさに驚異の巨石オーパーツといえるだろう。

真相

バールベックの巨石といえば、伝説部分で書いた不可能云々の話が本当であるかのように言われているが、実際に調べてみると事実は異なることがわかってくる。

●南方の石は動いたのか?

まず「南方の石」については、この巨石が存在している場所が石切り場である。

つまり建築物に使う石材を切り出す自然の岩場からは移動しておらず、巨石自体も下は土に埋もれているため、加工後に元々あった場所からたしかに動いたという形跡は確認されていないのだ。

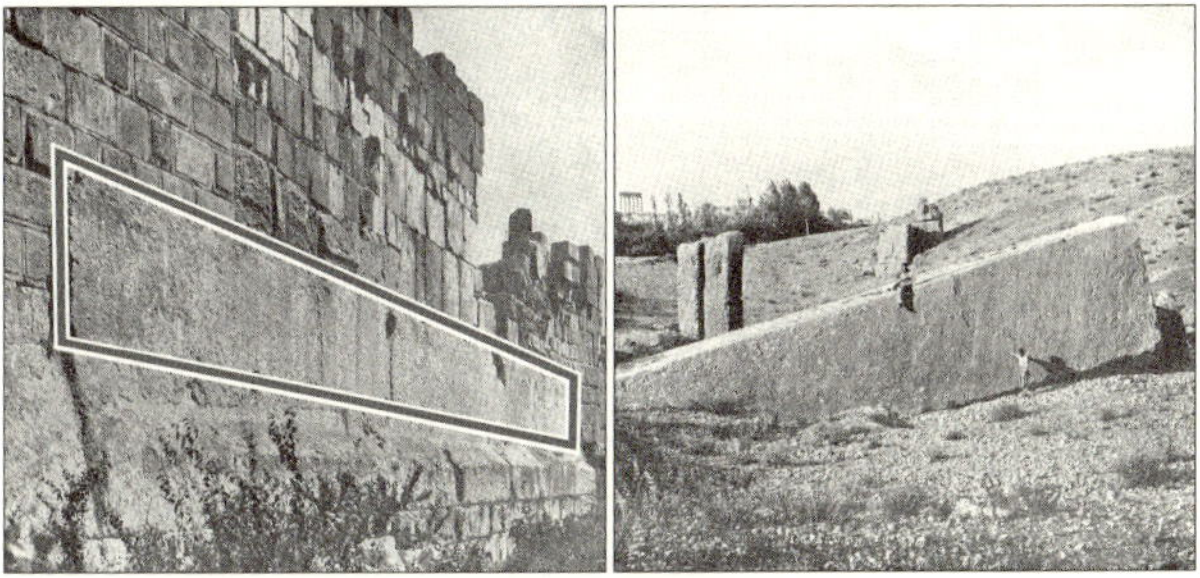

【左写真】線で囲った部分が「トリリトン」【右写真】バールベックの遺跡でもっとも大きな石である「南方の石」。いずれも19世紀末に撮影された写真だ。

●人力では運搬不可能？

南方の石に動かした形跡がないことはすでに述べた。しかし「トリリトン」のほうは、実際にジュピター神殿の土台に使われており、石切り場からは約1キロ離れた場所に存在している。しかも【伝説】によれば、最大970トンの石を運ぶのには1万5000もの人手が必要となり、現実には運搬不可能だとされている。

ところが歴史をひも解いてみると、過去にはトリリトンよりも重い石が運ばれた実例が見つかる。それは今からおよそ230年前、ロシアの※③エカチェリーナ2世がピョートル1世の騎馬像（通称「青銅の騎士」）をつくらせた際、その土台に使う石を運んだときのものだ。

この土台の石は重さが**1250トン**もある巨大なもので、石切り場から騎馬像のあるサンクト・ペテルブルクまでの数キロを木のソリに載せて人力で運ばれ※④た。よってこの例

ピョートル1世騎馬像の土台の石（©Valery Tolstov）

を見れば、トリリトン級の巨石を運ぶことも不可能ではないことがわかる。

●現代の最新技術でも吊り上げ・運搬不可能？

最後に最新技術にまつわる【伝説】について取り上げてみよう。

そもそもこの【伝説】の根拠は最近のオーパーツ本などに書いてある「ＮＡＳＡがロケットの移動に使用している最新技術のクレーンでも７００トン（少し古い本だと５００トン）が限度」という話からきている。

しかし、本当にここで書かれているような重量が最新技術の限度なのだろうか？

筆者（本城）が調べたところ、答えはＮＯだった。現代の最新技術では、バールベックの巨石級の重さでも「吊り上げ」と「運搬」可能な重機が存在している。

たとえば無限軌道クレーンの「CC8800-1 Twin-kit」※⑤では、**最大3200トンまで吊り上げ可能**である。また海上での使用に限られるが、日本のクレーン船「海翔」※⑥は最大吊り上げ重量限度が4100トン。一方、陸上での運搬では、日立物流に問い合わせて調べてもらったところ「ユニットドーリ」[※⑦]と呼ばれる特殊トレーラが、**最大322６トンの重さまで運搬可能**だという。

つまりバールベックの巨石でも十分に運べることがわかる。現代文明もなかなか捨てたものじゃない。

（本城達也）

【注釈】

※①**バールベックの遺跡…**レバノンの東部、ベカー高原に位置する古代の宗教都市、古代遺跡。紀元前64年にローマ領となってからはローマ帝国の聖地となり、3世紀頃までに多くの神殿が建設された。1984年には世界遺産に登録されている。

※②**コロ…**重量物を動かすときに、動かす物の下に置き、転がして移動させる円柱形の道具。丸太が代表的。

※③**エカチェリーナ2世…**（1729〜1796）第8代ロシア皇帝。積極的な外交政策を行ない、当時のロシア帝国の領土を大きく拡大した。また内政面でも文化や教育に力を入れた。その功績から「大帝」とも称される。

※④**木製のソリによる巨石の運搬例…**木製のソリによる巨石の運搬は、古代エジプトのレリーフにも描かれている。古代エジプトでは最大約1000トンの石の巨像を、ソリ、ロープ、滑車、テコなどを使って運んでいた。ちなみにトリリトンが土台に使われているジュピター神殿はローマ人によって建てられたもので、彼らは神殿建

造当時、木製の大型クレーンを開発して使っていたこともわかっている。

※⑤**CC8800-1 Twin-kit**…アメリカのテレックス社が製造した世界最大級のクレーン。２本のクレーンを使って吊り上げるツインタイプで、キャタピラで自走もできる。超重量物を陸上で組み立てるときなどに使われる。

※⑥**海翔**…兵庫県の寄神建設株式会社が製造した大型クレーン船。全長１２０メートル、幅55メートル。橋など超重量物の架設に使われる。

※⑦**ユニットドーリ**…東京の山九株式会社とドイツのショイエル社が共同開発した特殊車両。本体は３両１組を基本とし、１組の大きさは幅３・３メートル、長さ29メートル、ゴムタイヤ１１２本。運搬物の大きさや重さに合わせて何組も組み合わせて編成可能。橋など超重量物の輸送に使われる。

■参考文献：

南山宏『オーパーツの謎』（二見書房、１９９３年）
平川陽一『古代都市・封印されたミステリー』（ＰＨＰ研究所、２００３年）
並木伸一郎『決定版 超古代オーパーツＦＩＬＥ』（学研、２００７年）
Ｐ・ジェイムズ、Ｎ・ソープ『古代文明の謎はどこまで解けたかⅠ』（太田出版、２００２年）
【ｗｅｂ】William Saylor「World Mysteries-The Ancient Astronauts Theory. an article」
『オールカラー完全版 世界遺産 第３巻アジア１』（講談社、２００２年）
『ユネスコ世界遺産３ 西アジア』（講談社、１９９８年）
Jean Pierre Adam「A propos du trilithon de Baalbek. Le transport et la mise en oeuvre des megalithes」（Tome 54 fascicule 1-2, 1977. pp. 31-63）

22 ジャワ島のロケットレリーフ

【いにしえの石像に刻まれた宇宙の記憶】

推定年代

古代マヤ文明？

前3世紀～15世紀

伝説

太平洋に浮かぶ、インドネシアのジャワ島。

紅茶でお馴染みのこの島には、既存の人類史を一変させるような、驚異のオーパーツが存在している。

ジャワ島中部の都市スラカルタ、かつて[※①]マタラム王国の都として栄えたこの街の郊外に、「スク寺院」というヒンズー教の寺がある。境内を古代ジャワのスダマラ物語のレリーフが彩る寺の中心には、マヤ文明を連想させる石造りのピラミッド風の本殿が建っている。その本殿の頂上に、高さ2メートル程度のファロスストーンと呼ばれる石像がある。そこになんと、ロケットらしきレリーフが刻まれているのである。

レリーフには、その他、太陽や月が彫られているため、宇宙を表していることは間違いない。ロケットの横には叡智の象徴とされる蛇の模様も描かれている。おそらく、これは古代の人類が宇宙に挑んだことを表現しているのだろう。

我々は人類が20世紀になって初めて宇宙に到達したと信じている。その常識が覆される日は、そう遠くないのかもしれない。

真相

ロケットのレリーフが発見されたという「スク寺院」は、ソロ川の水源があるラウ山の中腹にあり、日本人観光客もよく訪れる場所だ。

同地が有名なのは、インドネシアでは珍しくリンガ信仰※②の場だからで、境内には男根と子宮のシンボルが散りばめられている。現地ではこの寺のリンガをまたぐと女性が処女かどうかわかるという伝説もあり、かつては嫁入り前の娘をつれてくる習慣もあったらしい。

写真で見るとかなり古ぼけた印象のある寺だが、実はそれほど古いものではない。

寺が建てられたのは、15世紀初頭。その証拠に入り口には「１４３７年」に相当する絵文字が刻まれている。

スク寺院（左、©Merbabu）とジャワ島のロケットレリーフ（右）。寺自体にも、実はピラミッドでマヤ文明の遺跡ではないかとする伝説が存在している。

１４３７年といえば、ジャワ島最後のヒンズー教王国、マジャパヒト王国が栄えていたころ。**日本でいえば、室町時代**でそろそろ応仁の乱がはじまろうかという時である。少なくとも、**「古代のロケット」でない**ことはたしかだ。

マジャパヒト王国は、東南アジアの交易で繁栄を築いていたが、内部分裂やイスラム勢力の隆盛で16世紀初頭に滅びてしまった。その後、島を支配したイスラム教は偶像崇拝を認めなかったため、スク寺院は廃墟と化し、風化が進むことになった。遺跡が年代よりも古びているのは、それもひとつの理由だろう。

さらに付け加えるならば、寺とマヤ文明は一切関係がない。ピラミッド風の本殿には、本来、上に木造の建物が乗っていたとされており、※③土台の形状などからもマヤ文明との共通点は見い出せない。たしかにジャワ島では珍しい建物かもしれないが、むしろヒンズー教の本場イ

インドで祀られているリンガ。シヴァ神の化身とされる。

ンドの神殿と似ており、シヴァ神を祀るインドの寺院の流れを汲んでいると考える方がよさそうだ。

さて、問題のレリーフの謎解きに移ろう。

ロケットのレリーフは、1・8メートルのリンガ、つまり男根像の側面に刻まれている。「伝説」にはファロスストーンとあるが、これは英語のファロス・ストーンのことで**男根石**という意味である。男根はシヴァ神の化身とされ、ヒンズー教寺院ではご神体になる。

寺院のリンガの写真を見ると、先端に玉らしきものがついた不思議な形をしている。

胴体部分にはかなりリアルな血管が走り、その右側には太陽と三日月、そして「ロケット」の浮き彫りがある。【伝説】でヘビとされているのは、おそらくこの血管のことだろう。そして下には台座があり、そこには「聖なるガングスディを奉納する。人

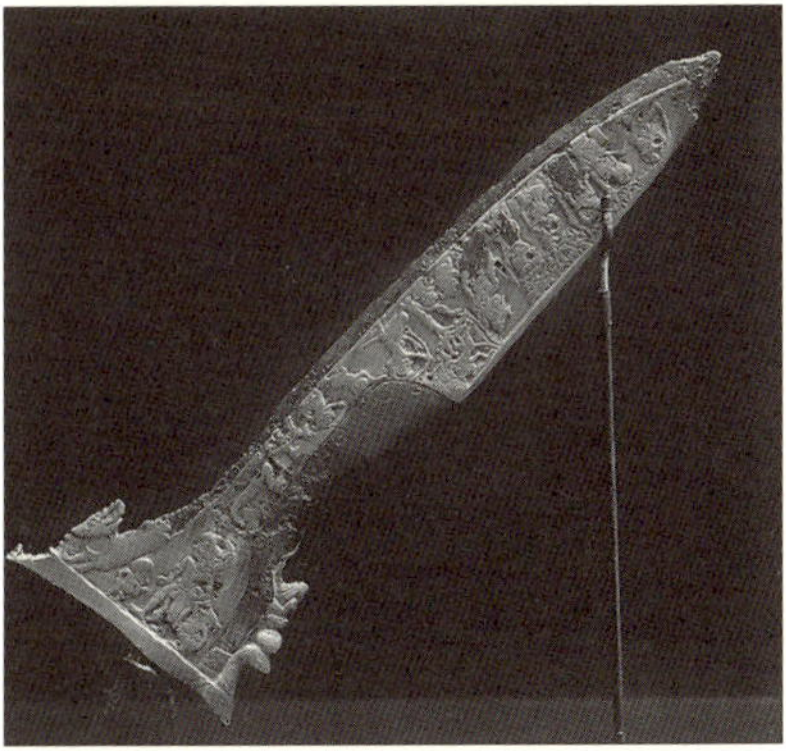

短剣「クリス」（© 23 dingen voor musea）

の印は世界の本質である」という銘文と1440年に相当する日付のある碑文が刻まれている。

　では、このロケットはいったい何を表しているのだろう。

　スク寺院はリンガ崇拝の他、鍛冶屋のレリーフでも有名だ。1817年に荒れ果てたスク寺院を再発見したラッフルズ[※④]は、この鍛冶屋のレリーフについてマレー近辺に特有の短刀、**クリス**の最も古い記録ではないかと考えている。クリスはジャワ人が肌身離さず持ち歩き、また子孫へと継承する霊的な意味を持つ短剣だ。

　クリスには複数のバリエーションがあるが、写真の形状などは「ロケット」のレリーフにそっくりな形をしている。レリーフが刻まれた年代、またリンガ像の**豊穣**と**繁栄祈念**という目的を考慮すると、レリーフはロケットではなく、クリスだと考える方が合理的だろう。

（ナカイサヤカ）

【注釈】

※①**マタラム王国…**中世のジャワ島中部で栄えた王朝。８世紀前半頃に成立し、10世紀に東部ジャワに本拠地を移し、クディリ王国となった。

※②**リンガ信仰…**リンガとは、男性器のこと。ヒンズー教ではリンガはシヴァ神の化身とされ、シヴァ信仰の寺院などではしばしばご神体として祀られている。

※③**土台の形状…**ピラミッドといえば正方形の土台が基本だが、スク寺院の場合は長方形の土台をしている。東南アジアのスク寺院と南米のマヤ文明が結び付けられた由来は確認できなかったが、ムー大陸説など太平洋の遺跡とマヤ文明は関係するという考えが流行した時代があるため、マヤと似ているということになったのだろう。

※④**トーマス・スタンフォード・ラッフルズ…**（１７８１～１８２６）19世紀のイギリス東インド会社社員。シンガポールの父とも呼ばれる。東南アジアの博物学調査にも力を注ぎ、世界最大級の花ラフレシアやボロブドゥール遺跡を再発見・報告している。

■参考文献：

Ann R. Kinney, MarijkeJ.Klokke,Lydia Kieven『Worshiping Siva and Buddha: the temple art of East Java』（University of Hawaii Press, 2003）

Edward Frey『The Kris: Mystic weapon of the Malay World』（Oxford University Press, 1986）

23

【謎の円盤〝ドロパ・ストーン・ディスク〟】

古代中国の「CD-ROM」

推定年代

旧石器時代

1.2万年以上前

伝説……

1938年、中国の青海省[※①]にあるバヤンカラ山脈の洞窟で奇妙な石盤が大量に発見された。石盤の枚数は716枚。それぞれは直径約23センチ、厚さ1センチほどで、石盤の中央には直径約3センチの穴があいていた。見た目はまるでCD-ROMのようである。

石盤はその後、北京大学に持ち込まれ、長らく保管されていたが、1958年から同大学のツム・ウムヌイ教授によって詳しく研究が行われることになった。その研究結果によれば、石盤には溝が彫られており、その溝を拡大鏡でよく見ると、非常に小さな謎の文字が記されていたという。

ツム教授はその謎の文字の解読に挑み、見事成功。その内容は驚くべきものだった。

「ドロパは宇宙船に乗って雲の上からやってきた。私たちは日の出前に10回、洞窟に隠れた。そして最後のとき、ようやく私たちはドロパの身ぶりから、彼らが平和的な意図を持っていることを理解した」

ここでいうドロパとは宇宙人のことである。他の石盤に記されていた情報によると、彼らは１万２０００年前に地球を訪れた際にバヤンカラ山脈に不時着し、宇宙船の修復を試みるも失敗に終わったため、現地の民族と生きていく道を選んだのだという。

実はこれを裏付ける話がある。石盤の近くからは、身長が１３０センチほどで異様に頭部が大きい白骨体がいくつか見つかっていたのだ。彼らはドロパ人、もしくは現地人との混血児だったと考えられている。

ツム教授は研究結果を「１万２０００年前に存在した宇宙船と文字との関連」というタイトルの論文にまとめ、１９６２年に発表した。しかし、それはあまりにも突飛すぎた。彼の研究結果は中国で認められることなく黙殺されてしまったのである。

けれども石盤の一部は、当時のソ連にも送られていたため、モスクワの科学アカデミーでも研究は行われていた。その結果、石盤には大量のコバルト※②などが含まれていることが判明。さらには特殊な機器で調べてみると、石盤は激しく振動し、電気を帯びていることもわかったという。現代のＣＤ‐ＲＯＭのように何らかの記録媒体だったのだろうか。

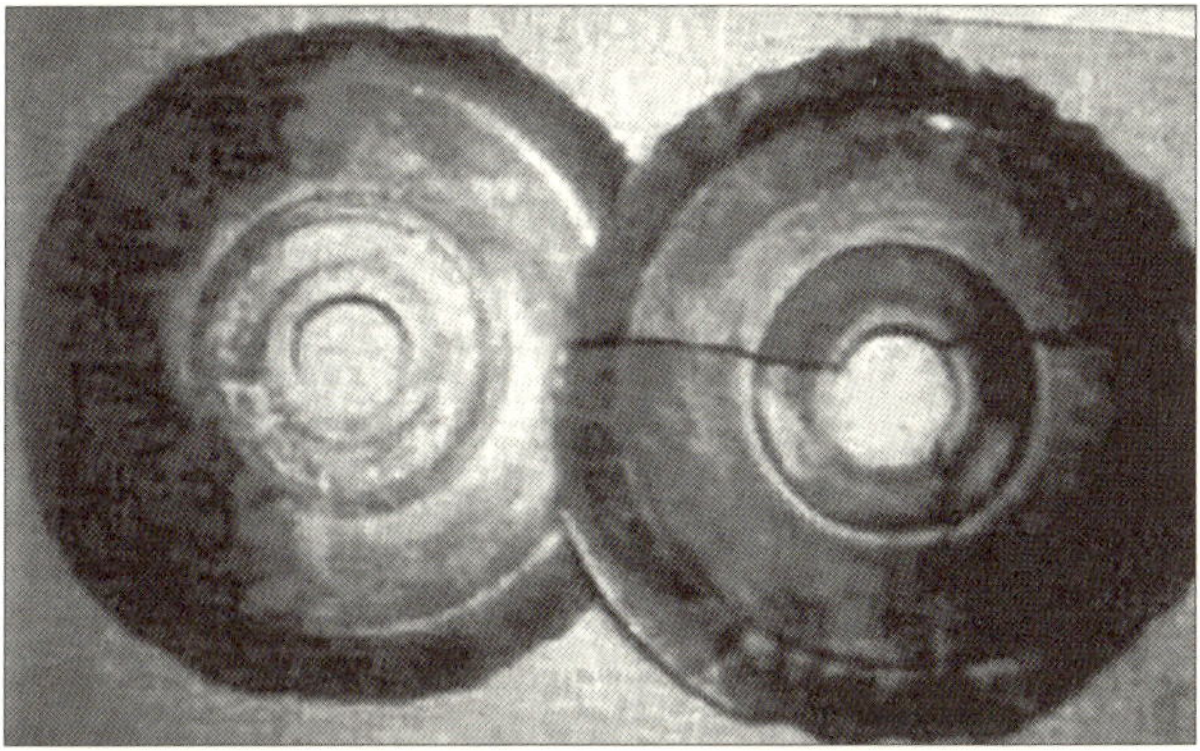

webで「ドロパ・ストーン・ディスク」としてよく紹介される写真（※③）

いずれにせよ、こうした貴重な研究結果は無視されていいわけがない。古代に宇宙人が地球を訪問し、彼らから受け継いだ未解明のテクノロジーが存在していた可能性は十分に考えられるのである。

真相

現在、ドロパ・ストーン・ディスクは現存していない。残されているのは4枚の写真と伝説でいわれるような話のみである。そのため真相を調査するにあたって鍵となるのは、ドロパ・ストーン・ディスクを研究し、ドロパとの驚くべきつながりを解明したという**ツム・ウムヌイ教授**である。

彼はドロパ・ストーン・ディスクにまつわる話の中心に位置する重要人物だ。彼の研究と行方を追ってみよう。

ドロパ・ストーン・ディスクの発見地とされるバヤンカラ山脈は黄河源流の地として知られる（©walkdragon）

●ツム・ウムヌイ教授は実在するのか？

まず、1962年に発表されたという論文「1万2000年前に存在した宇宙船と文字との関連」について調べてみたが、まったく行方がつかめない。**該当する論文が見当たらないのだ。**

そこで他にも調査が行われていないか調べたところ、『中国衝撃の古代遺跡を追う』の著者の一人、[※④]ペーター・クラッサも同様にこの件を調べていることがわかった。

クラッサは、1972年にウィーンの中国大使館を通じて北京の考古学研究所に照会を行い、ドロパ・ストーン・ディスクに関する詳細な情報を要請していたという。しかし次のような返信を受けたという。

「われわれの知る限り、貴殿が手紙で言及しておられる『石製の円盤』が中国で発見されたことはありません。いわゆる『石製の円盤』が1938年に中国で発見されたという報告には、何らの根拠もありません。ツム・ウムヌイ教授についてもわれわれは何も知りません[※⑤]」

完全否定である。同様の試みは1970年代末にクラッサの友人ヴァルター＝イェルク・ラングバインも行ったが、結論は同じだったという。

そこで、他の論文や研究からツム・ウムヌイ教授の存在を客観的に確認できないか調べてみた。しかしドロパ・ストーン・ディスクを紹介する二次、三次情報以外、彼にまつわる情報はまったくつかめなかった。

また実は、「ツム・ウムヌイ」という名前は、標準的な中国語では不自然であることもわかった。「ツム」「ウム」「ヌイ」といった一音節の単語はないというのだ。つまり、中国では**名前から始まり、その経歴や実績、さらには1938年の発見報告まで、すべて客観的に実在を確認できるものがない**ということになる。

『中国　衝撃の古代遺跡を追う』の原著

ところが調べを進めてみると、ツム教授は後年、中国から日本に渡り、余生を過ごしたという情報がドロパ・ストーン・ディスク関連の記事でいくつか見られることがわかった。日本でも注目はされなかったが、ドロパ関連の研究をまとめた本を発表していたというのである。

しかし伝わっているのはここまでで、本のタイトルなどは不明だという。主に海外で言われている話であるため、日本のこととなると言葉の壁もあり、詳しく調べられたことはないようだ。

けれども幸いなことに、ここは日本である。日本人が日本で起きたとされることを調べるのはお手の物だ。

そこでさっそく筆者（本城）は、ツム教授の名前やドロパ関連のキーワードなどを使って書籍や論文のデータベースを調べてみた。が、残念なことに**ツム教授に関連する情報はまったく見つからなかった**。日本で本が発表されたという情報は、きわめて信憑性が低いと言わざるを得ない。

ちなみに前出のペーター・クラッサらは、ツム・ウムヌイという名前が中国の標準語にはないものの、日本語でならあり得る可能性を示唆している。いわく「日本語がペラペラ」だという東アジア出身の知人に、「ツム・ウムヌイ」という名前が元々は日本の名前だった可能性を尋ねると、「その可能性はかなり高い」と言われたというのだ。

しかし本当に日本語や日本に詳しい人間なら、その可能性がかなり低いことはすぐにわかる。日本で「ツム・ウムヌイ」という名前はまずあり得ない。よって、これまで調べてきたように、ツム教授に関する日本ならびに中国での実在を示す客観的な証拠は皆無に等しく、彼が発表したという**研究やその実在自体がきわめて疑わしい**と結論せざるを得ないようだ。

●怪しいソ連の研究

なおこれらと同時に、調べてみるとソ連で研究されたという情報も実は怪しいことがわかる。情報の出所としてさかのぼれるのは、雑誌で紹介されたドロパ関連の記事だけなのだ。

さらに別の情報もある。オーパーツ関連の著書で世界的に知られるエーリッヒ・フォン・デニケン※⑥の話だ。彼は1960年代にモスクワを訪れた際、ドロパ・ストーン・ディスクの話を現地の研究者から聞いたという。著書ではそのときの話が詳しく披露されているのだが、そこではソ連で研究されたという従来の話が中国でツム教授が研究したという話に変わってしまっている。

まるで伝言ゲーム※⑦である。おそらく中国やソ連で研究されたという事実がないために、一次情報が存在せず、人づてに話が伝わっていくうちに中身の一部が変わってしまったのだろう。

●写真に写っている石盤の正体は

このように話は怪しいものばかりだ。

とはいえ写真は実在している。これについてはどうだろうか。

現在、ドロパ・ストーン・ディスクを写したものとして流通している写真は4枚ある。

これらは1974年、オーストリアのエンジニア、エルンスト・ヴェゲラーが中国の西安市にある半坡博物館を訪れた際に撮影したものだ。

ヴェゲラーはこれを正体不明としているが、実は写っている石盤の正体として可能性が高いものはわかっている。

古代中国で**副葬品や装飾品として用いられた「璧《へき》」**（上写真）である。この璧は玉《ぎょく》と呼ばれる石製で、円盤型をしており、中央には丸い穴があいているのが特徴。写真に写っている石盤は、その璧の一種だと考えられている。


（本城達也）

璧には模様が彫られているものもある（林巳奈夫『中国古玉の研究』吉川弘文館より）

【注釈】
※①**青海省…**中国内陸部にある省。中国で４番目に大きな省で日本の約1.9倍の面積がある。北東部で甘粛省、南東部で四川省、南西部でチベット自治区、北西部で新疆ウイグル自治区と接する。
※②**コバルト…**原子番号27番の元素。合金の素材として用いられる他、顔料（コバルトブルー）の原料として使用されている。１７３５年にスウェーデンのイェオリ・ブラントが発見した。

※③**画像の出典…**【ｗｅｂ】「Archaeological Fantasies」より。
※④**ペーター・クラッサ…**（１９３８〜２００５）オーストリアの著述家。超科学や超古代文明に関する著作が多数ある。
※⑤**発言の引用元…**『中国 衝撃の古代遺跡を追う』（文藝春秋、１９９６年）より引用。
※⑥**エーリッヒ・フォン・デニケン…**17ページの注釈参照。
※⑦**伝言ゲーム…**ドロパ・ストーン・ディスクに関する情報は、紹介する雑誌や本によって細部が異なっていることが多々ある。なお、１９７８年に出版され、ドロパ関連の伝説を世に広めた『Sungods in Exile』（太陽神の追放）の編集者デイヴィッド・アガモンは、１９９４年にドロパの話がフィクションだったことを、イギリスのオカルト雑誌『Fortean Times』へ送った手紙で告白している。

■**参考文献：**
ハルトヴィヒ・ハウスドルフ他『中国 衝撃の古代遺跡を追う』（文藝春秋、１９９６年）
南山宏・監修『驚愕のオーパーツ&超古代ミステリー99』（双葉社、２０１０年）
ケイ・ミズモリ「古代中国で起こったＵＦＯ墜落事件の真相」『ムー』（２０１３年６月号）
エーリッヒ・フォン・デニケン『星への帰還』（角川書店、１９７１年）
林巳奈夫『中国古玉の研究』（吉川弘文館、１９９１年）
『スプートニク 創刊号』（恒文社、１９６７年）
『Fortean Times』（Issue75, June-July 1994）

24 中国明代のスイス製腕時計

【約600年前の墓から出土した謎の物品】

推定年代
明朝時代
1368年～1644年

伝説

２００８年12月、中国広西チワン族自治区防城港市で発掘中の墓から「スイス製」と明記された腕時計が出土した。泥まみれの状態で見つかり、錆び付いていたが、泥をぬぐうと針は10時6分をさしていた。

この墓は明代[※①]のもので、西洋との交易があったことから、ヨーロッパ製の出土品があってもおかしくはない。

しかし、腕時計が発明されたのは、20世紀になってからなのだ。なぜ、後世のものが出土したのか、発掘にあたった専門家はみな一様に首をかしげている。

このニュースはたちまち、中国全土の注目を集め、世界のマスコミでも次々と報道された。

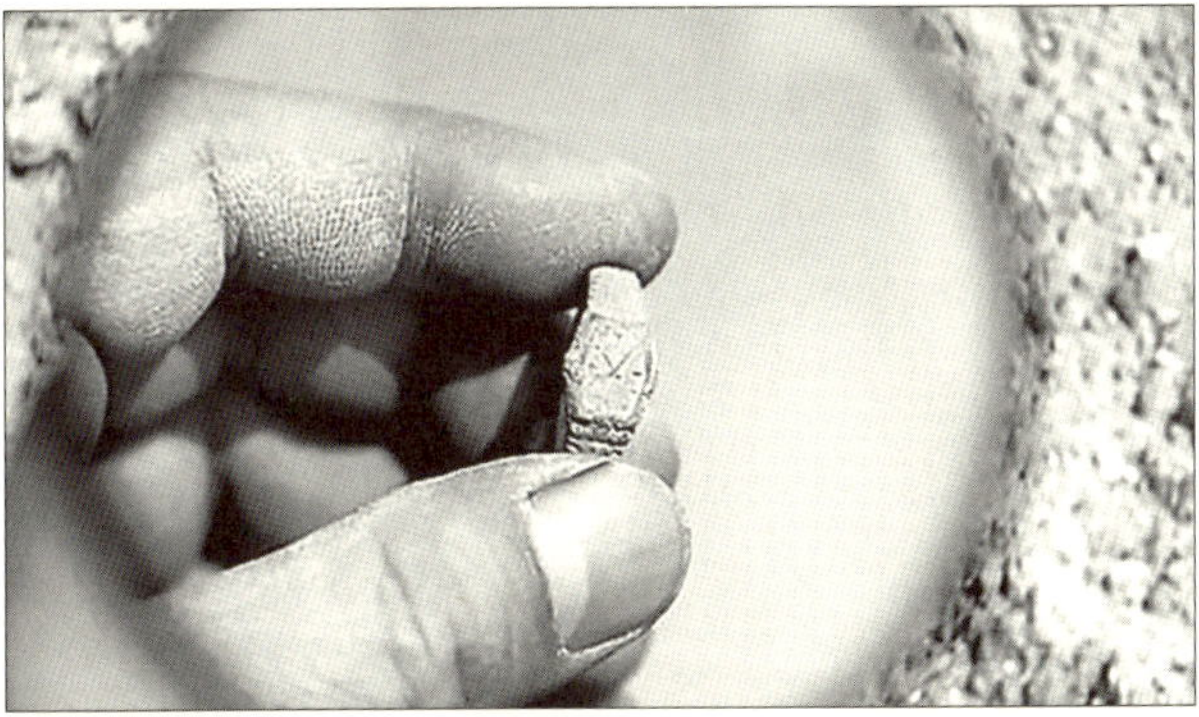

中国の明代の墓から見つかったというスイス製の腕時計。しかし、実際は写真を見てわかる通り、腕時計風の指輪だった。（※②）

21世紀になっても、オーパーツが続々と発見されているという証拠だろう。

真相

このニュースがウェブに掲載されたのは2008年のことだが、今回検索してみたところ、英語圏では2010年になっても次々と転載されている。【伝説】の通り、「明代のスイス製腕時計」は世界的に認知されているようだ。

一次情報を探るために、発信元を探してみた。どうやら元になった記事は2008年12月12日の広西新聞のようだ。

広西新聞は、「南国早報発」としているが、こちらではアーカイブの確認までできなかった。ちなみに南国早報はいわゆるローカル紙で、国内外のニュースに地元商工会のできごとなどをふんだんに盛り込んだ新聞だが、ときどき「都会男、詐欺で女性3人を騙して逮捕」「黒衣の鎌女が小学生を襲う」といったB級ニュースを写真入りで報じるため、日本でもおもしろ情報発信源として認知されつつある。

さて、広西新聞の記事によると、実はこれはスイス製の腕時計ではなく、**腕時計を模した指輪**なのだという。

発見の経緯はこうだ。

「12月11日、当日、※③中国中央電視台のリポーター2名と中国古代銅鼓研究会理事長、広西文物グループ長、原広西壮《チワン》族自治区博物館館長がやってきて、発掘中の遺跡を見に行った。11時頃現場に着くと墓穴の脇の5キロほどの『三合土』をどけている最中だった。この遺跡は墓で巨大な三合土の棺が出土している。すると土の中から何かが落ちて金属音を立てた。そうして指輪を見つけたのだ。専門家が泥をぬぐってみると『スイス』の文字が彫られていた」

つまり、これはお棺の中にあったわけでもなければ、発掘現場でお馴染みのヘラと刷毛で掘り出されたものでもない。

墓を掘り起こしていたところ、棺の一部が崩れたかもしれない硬い土の塊があって、これをどかそうとしたらチャリンと何かが落ちてきた。それがたまたま、テレビ局の取材班と関係者一同の目の前で起きたため、注目を集めてしまったということらしい。

実を言えば、こうしたことは考古学の発掘現場では珍しいことではない。

「なんだって⁉ 考古学者はオーパーツの情報を隠蔽しているのか‼」

などと思うのは早計である。

発掘現場では、場違いな遺物が見つかることはよくある。しかし、そうした遺物の大部分が、このスイス製腕時計と同じように出土状態がきちんと確認できないものなのだ。大抵の場合、そうした遺物は作業員の不注意で紛れ込んだり、ネズミなどの動物が持ち込んでいたり、植木を植えた際に混入していることが多い。そうした遺物が発見された場合、遺跡全体の信頼性を下げないように、**混入の可能性あり**として処理することになっているのだ。

本来はこの「腕時計型指輪」もそう処理されるはずのものだったのだろう。

しかし、時期が悪かった。時計の発見がニュースになる直前の11月29日、「南国早報」は大変な栄誉を預っ

墓所から発掘された棺を調査する研究者たち。問題の時計は、この棺の発掘時に発見されたものだった。（※④）

ていた。棺を処理しようとしたところ、褐色の液体が大量に流れ出たという「南国早報」発のニュースを、新華社通信[※5]が「广西出土巨棺渗漏不明液体」の見出しで中国全土に配信したのだ。ローカル新聞の記事が中国全土の注目を浴びるなど、なかなかあることではない。南国早報の記者は、次なる神秘的なニュースを得るために遺跡に張り付いていたのだろう。その目の前に指輪が転がってきたのだ。飛びつかないはずがない。

もっとも、見るからに新しい指輪をいつまでも明代のものと言い張れるわけがない。南国早報は、一報から10日後に早くも訂正記事を掲載。「あれは畑の耕作で紛れ込んだものだということになりました」と**誤報を認めた**。

しかし、それでも南国早報はめげない。直後には「密閉された三合土の外棺を開けたところ、中からゴキブリが出てきた！」と報じて度肝を抜くと、木棺に北斗七星が彫られていたことを思わせぶりに報じ、翌年6月に棺の中の遺体が調査された際には再び「木棺に北斗七星が描かれていた！」などと今更ながらに報じている。

ちなみに三合土というのは古くからある建築材料の一種で、石灰と粘土と砂利などを混ぜたものだという。つまり3つの材料を混ぜているから「三合」。日本では三和土という書き方がメジャーで、これに「**たたき**」というふりがなを振る。そう、つまりは、土間の素材である[※6]。

ところが英語翻訳記事ではこれが「**コンクリート**」となっている。完全な間違いというわけではないが、それだと堅いコンクリートの中から腕時計やゴキブリが転がり出てきたと読めてしまう。おそらく日本より英語圏で広く語られ続けているのは、このあたりにも原因があるのだろう。

アルファベットやアラビア文字を使う人々にとって漢字は情報取得を困難にする大きな壁である。今後も日本に直接入ってきたときには話題にならなかったのが、再輸入されて不思議な事件になってしまう例は増えるものと思われる。世界の誤解を解いてあげるのが、今後の日本の役割かも知れない。

（ナカイサヤカ）

【注釈】

※①明代…（１３６８〜１６４４）モンゴル系の帝国であった元の次、１３６８年に中国の支配者となった王朝で中国南部を基盤とした。この時代、アジアの海上交易は大きく発展し、交易商人や和寇、アジアへやってきたヨーロッパ人が活躍した。

※②画像の出典…【ｗｅｂ】「広西新聞」ウェブのサイトより。

※③中国中央電視台…中華人民共和国の国営テレビ局。１９９０年代に国からの援助金が減少したため、企業ＣＭを放映するようになる。現在では国営放送局でありながら、１００％広告収入で運営されている。

※④**画像の出典…**【ｗｅｂ】「網易新聞」のウェブサイトより。

※⑤**新華社…**中華人民共和国の最高国家機関である国務院直属の通信社。中国全土のニュースや政府要人の発言を内外に配信している。国家直属の通信社だけあって、政府や中国共産党にとって好ましくないニュースは原則配信できないなど、厳しい報道規制が敷かれている。

※⑥**墓の三合土…**南国早報の記事によれば、この墓の三合土は「石灰石、粗砂、糯米等材料」をあわせたものだということ。

■参考文献：

【ｗｅｂ】「南国早報のサイト」
【ｗｅｂ】「広西新聞の元記事」
【ｗｅｂ】「スイス時計は間違いでした」の訂正がある記事

25 周処の「アルミ製バックル」

【古代の墓所にあった驚愕の金属製品】

推定年代
西晋時代
265年〜365年

伝説……

1952年、中国江蘇《こうそ》省宜興《ぎこう》で土取工事の際、その地にあった塚が崩され、中から古い墓が出てきた。中国政府から派遣された文物工作隊がその墓の調査にあたったが、彼らは間もなく自分たちが大変な発見に立ち会ったことに気づくことになる。

その地域には4基の墳丘墓があったが、その内の1基は出てきた墓碑銘により、西晋代の周※①処という人物が葬られていたことが判明した。

周処の墓の副葬品には見事な青磁や20点もの金属加工品があった。その金属加工品について北京の中国科学院応用物理学研究室と鋼鉄工芸学校で分析したところ、科学史上ありえないはずの事実が判明したのである。

その中の1点、透かし細工の飾りがついたベルトのバックルがアルミニウムの合金でできていたのである。その組成はアルミニウム85パーセント、銅10パーセント、マンガン5パーセントと現代の工業製品といってもおかしくないものだった。いや、そもそも西晋代の墓にこの合金があることの方がおかしいのだ。

アルミニウムが本格的に使われるようになったのは、比較的最近のことになってからである。鉱物の中のアルミニウムがはじめて金属として精錬されたのは1825年。1886年にアメリカのホールとフランスのエルーがそれぞれ独自に[※②]アルミナを使った電気精錬法を発明、1887年にオーストリアのバイヤーがアルミナの安定した生産法を開発してようやくアルミニウムの安定生産への道が開けることになる。それでも作るのに莫大な電力が必要になるため、20世紀半ばまでアルミニウムは大量生産に向かない金属とされていた。

ところが、周処はアルミの大量生産がはじまる1700年近く前に、すでにアルミ製のバックルでベルトを締めていたというのである。

古代中国には現代人が知らないアルミニウムの製造法が伝わっていたのだろうか。あるいは何か未知の文明の遺物（たとえば地球を訪れた宇宙人の置き土産）のアルミ製品がめぐりめぐって西晋代の金属細工の材料にされたのだろうか。その謎はいまだ解かれていない。

周処墓の発見は当時の考古学界では大きなニュースになり、現在でも多くの考古学者がその存在を知っている。しかし、どういうわけか現代の考古学者たちはこのアルミ製バックルを黙殺しているのである。これはオーパーツの存在を認めようとしない考古学界の頑迷さを示すものだろう。

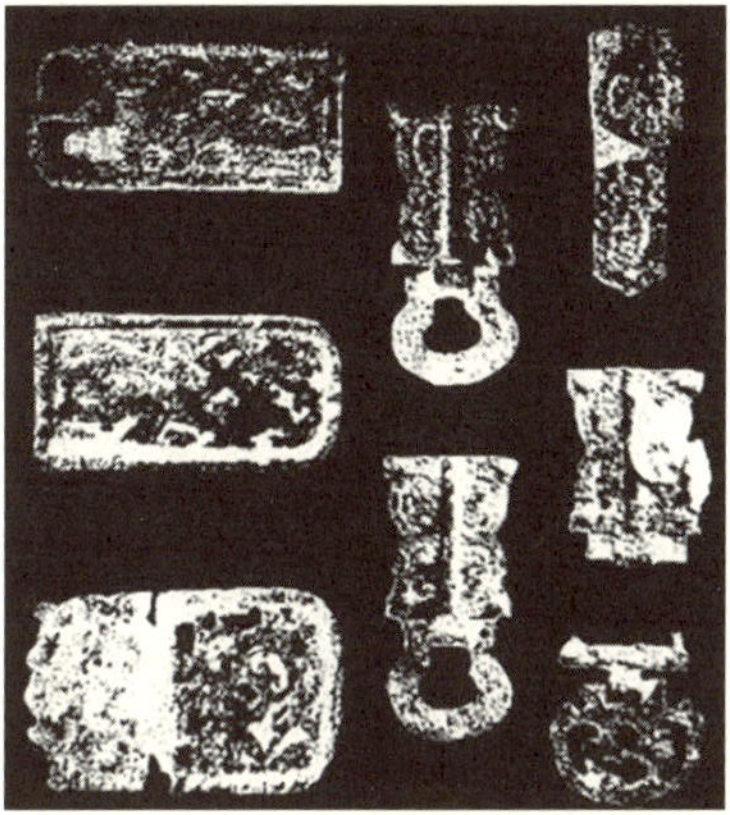

三国時代の武将、周処の墓から出土したというアルミ製のベルトバックル。(※③)

真相

考古学者が、周処の墓から出土したアルミ製のバックルをとりあげないのは別に頑迷だからではない。その正体がすでに判明しているからである。

1979年に出た『世界考古学事典』[※④]の「宜興周氏墓」の項目には次のように記されている。

「(周処一族の墓の)副葬品のうち、青磁類は、一括品として注目されたが、1号墓出土の銙《か》帯金具《たいかなぐ》(古代の貴族がつけた腰帯の金属製の飾り部分）は分析の結果、世界で最初のアルミニウム製品として喧伝された。しかし、その後の調査の結果、それは**盗掘時の混入物**であり、実は**銀製品**であることが明らかにされている」

つまり、周処一族の墓の1号墳（周処の墓）から出たアルミ製のバックルは**盗掘者が紛れ込ませたもの**であり、元からあった副葬品の金属加工品は**銀製品だった**というわけだ。銀製品は豪華であるが西晋代の高官の副葬品として場違いなものではない。そのことが今から30年も前に判明している以上、現在の考古学者がバックルについて触れることがないのも当然ではないか※⑤。

さて、そもそも周処とはいかなる人物だったのか。西暦3世紀半ば、中国は北の魏、南の呉、西南の蜀が天下を三分する三国時代の最中だった。その頃、呉に周魴※⑥という武将がいた。彼こそは周処の父にあたる人物である。魏の南下を防いだ周魴の功績は『三国志演義』にも描かれている。周処も父の後を継ぎ、呉に仕えたが280年、呉は西晋に滅ぼされたため、その晩年は西晋の臣として過ごすことになった。

西晋では、祖国を失った呉の出身者を軽んずる風潮もあったが、周処はその剛直な性格から呉を悪く言う者に抗し、また不正を見つけると相手の身分を問わずに弾劾していった。周処は氐《テイ》族の反乱鎮圧に派遣されて、そこで戦死したが、一説に彼の不正追及を逆恨みした者に陥れられて死地に追いやられたのだという。周処は『三国志演義』にこそ登場しないものの、その若い頃のエピソードが『周処除三害』という京劇の出し物になるほど、長年にわたって民衆から愛されてきた人物であった。

その周処が、日本のオーパーツ本では生前の足跡を語られることなく、単にアルミ製のバックルとともに葬られた人物としてだけ扱われてきたのはいささか寂しいものがある。バックルがオーパーツの座を降りた今だからこそ、周処その人にももう少し目を向けていただきたいものである。

（原田実）

【注釈】

※①**周処〈しゅうしょ〉**…（236～297）中国三国時代の呉の武将。呉が滅びた後は、西晋の武将となった。若い頃は粗暴だったが、やがて改心。学問を修めて呉に仕え、無難督などの役職に就く。呉滅亡後は西晋に招かれ、各地の太守を歴任。数々の功績を挙げた後、役人を監督する御史中丞を務めるが、同輩の恨みを買い、最前線に送られて戦死した。

※②**アルミナ**…酸化アルミニウムのこと。

※③**画像の出典**…【ｗｅｂ】「ArchaeologyAnswer」より。

※④『**世界考古学事典**』…平凡社刊で全2冊。現在では絶版になっている。アマゾン等を覗けば、たまに古書が出品されていることもある。

※⑤**アルミ製バックルの今…**ちなみに日本を代表する超常現象研究家の並木伸一郎は、2007年の書籍でこのバックルをオーパーツとして取り上げた上で、その後の鑑定でくつがえされたという情報もあると述べ、その情報が正しければ、「オーパーツ種から除外しなくてはならないだろう」と認めている。

※⑥**周魴〔しゅうほう〕…**生没年不詳。呉の武将。知略に優れており、数々の戦いで武勲を挙げる。内通すると見せかけてライバル、魏の曹休(曹操の甥)をおびき寄せ、仲間と共に強襲して打ち破った石亭の戦いが有名。

■**参考文献：**

エーリッヒ・フォン・デニケン『未来の記憶』(早川書房、1969年/角川書店、1997年)
アンドルー・トマス『太古史の謎』(角川書店、1973年)
五島勉『宇宙人　謎の遺産』(祥伝社、1975年/文庫版、1988年)
南山宏『オーパーツの謎』(二見書房、1993年)
日本探検協会編著『地球文明は太古日本の地下都市から生まれた!!』(飛鳥新社、1995年)
並木伸一郎『決定版　超古代オーパーツFILE』(学研、2007年)
『世界考古学事典』上巻(平凡社、1979年)
ウィリアム・H・スタイビングJr『スタイビング教授の超古代文明謎解き講座』(太田出版、1999年)
陳寿『正史三国志(7)呉書2』(ちくま学芸文庫、1993年)
【web】「京劇演目紹介・除三害」(京劇城)
【web】「アルミニウムの歴史」(電気の歴史イラスト館)
【web】「アルミの基礎知識」(一般社団法人日本アルミニウム協会)

26 超古代の伝説「アダムの橋」

【スペースシャトルが撮った古代インドの神話の橋】

推定年代
旧石器時代
175万年前

伝説 ……………

2002年10月、NASAのスペースシャトルが撮影した写真に「175万年前の巨大な人工橋が写っていた！」としてインドで大きなニュースになった。

場所はインドとスリランカの間にあるポーク海峡。ここにはもともと全長約30キロに渡って延びる砂州があり、NASAの写真によってその砂州が自然にできたものではなく、人間によって造られた人工の橋だということがわかったのである。橋が建造されたのは、およそ175万年前だという。

もちろん、通説ではそんな時代に人類が橋を造ったなどという話は到底認められない。しかし、インドにはその話を裏付ける神話があるのだ。

『ラーマーヤナ』[※①]と呼ばれるその神話によれば、古代インドの英雄ラーマ王子が、妻のシーターを魔王ラーヴァナに連れ去られてしまった際、妻を救うためにランカー島（スリランカ）へ乗り込むくだりがある。そこでは仲間のハヌマーンが部下たちを使い、海によって隔てられていたインドとランカー島の間に巨大な橋を建造したとあるのだ。

その時代は今からおよそ175万年前。年代と場所が見事に一致している。やはりNASAの写真にあった巨大な橋は超古代に作られた本物の橋だったのである。

真相

伝説で紹介した砂州は、850年頃に『ラーマーヤナ』の話と共に西洋で最初に紹介された。その頃の名は「海の橋」である。これが1804年になると、世界で最初に生まれたとされるアダムが渡ったというイスラム[※②]の伝説に基づき、「アダムの橋」とイギリスの地図製作者によって命名される。

一方、地元では『ラーマーヤナ』の伝説にちなんで「ラーマの橋」とも呼ばれるが、一般的には「アダムの橋」の方が有名である。よって本稿ではこれ以降「アダムの橋」で名前を統一しよう。

さて、このアダムの橋、もともとは沿岸流によって石灰岩質の砂が堆積してできた**砂州**だった。それが人工の橋ではないか？　として世界的に有名になったきっかけは、NASAのスペースシャトルによって撮影された写真である。2002年にインドの通信社がNASAの写真を使い、独特のカーブが人工物の雰囲気を醸し出しているとして、大々的にニュースを流したのだ。

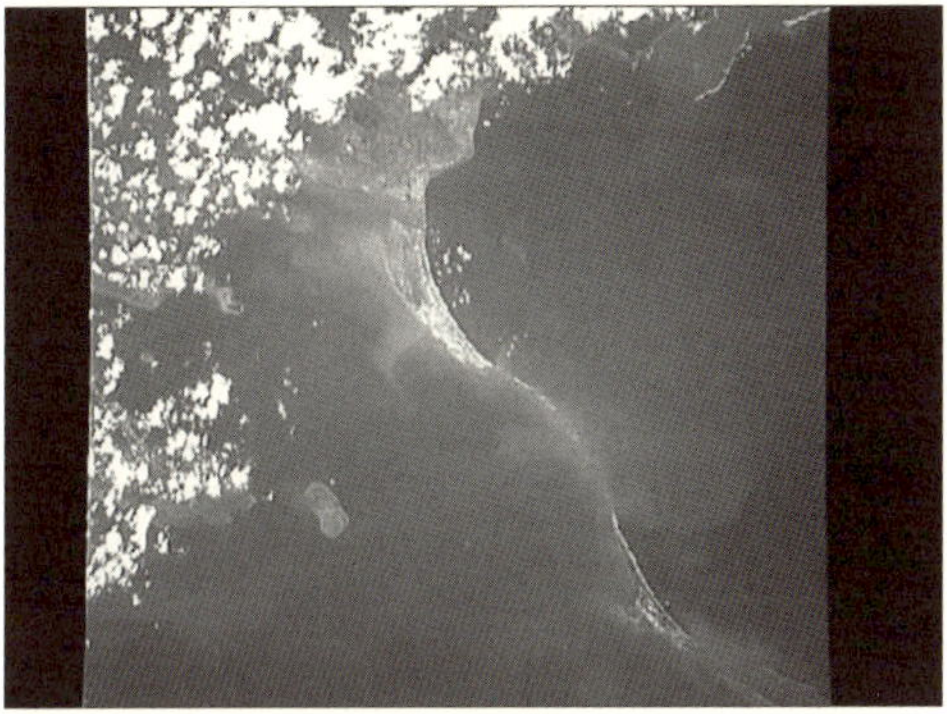
写真中央やや下に見える細い砂州がアダムの橋。左上の陸地はインドで、スリランカは画面外の右下に位置する。(©NASA)

これに困惑したのはNASAである。報道官のマイケル・ブロークスはニュースが有名になると会見を開き、NASAはアダムの橋が人工であるとは一言も言っていないことや、そもそも、はるか上空から撮られた写真を根拠に人工説を云々するのはナンセンスで、スペースシャトルの写真から**人工かどうかなどわかるわけがない**と反論している。さらに年代測定法による175万年前のデータも存在しないとして人工説に反論した。

つまり写真は確かにNASAのものだが、それに付随する話については**インドのメディアが独自の解**

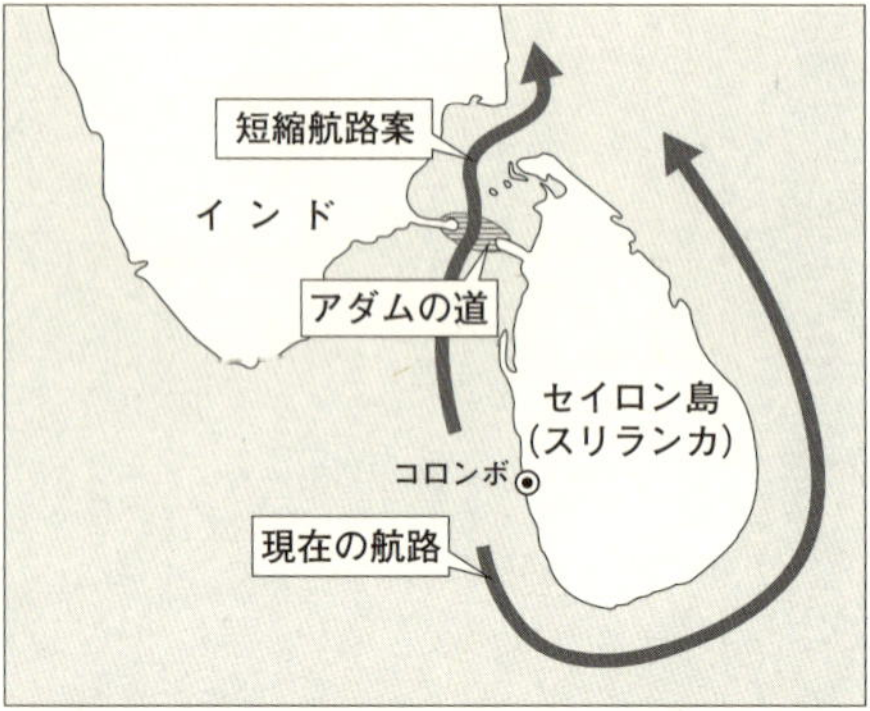

問題となっている、コロンボ〜チェンナイの新航路案。アダムの橋を壊すことになるこの案に、反発の声も多い。

釈を付け加えたものだったというわけである。

とはいえ人工説に対しては、ＮＡＳＡ以外にインドの専門家からも反論が出ている。古代インドの歴史に詳しい歴史家ラム・シャラン・シャルマ[※③]は、『ラーマーヤナ』は古くても紀元前４００年頃までしかさかのぼれない」と指摘。そもそも『ラーマーヤナ』は**民間伝承を集めたもの**だといわれており、その中の最も古い伝承ですら、紀元前４００年頃のものなのだという。

また文字による記録を証拠として使ったとしても、「文字による記録は紀元前１５００年以降にならないと現れない」と指摘している。さらに『ラーマーヤナ』の中に出てくる橋と古代ランカーについても、その正確な場所は特定されていないと指摘している。

なお、アダムの橋のあたりは水深1メートルほどと浅く、大型の船舶は渡ることができない。そこでインド政府は、２００５年にアダムの橋を大型船舶が渡れるようにするための新たな水路の建設計画を立てた（上画像）。もし水路が建設されれば、スリランカのコロンボ※④からインドのチェンナイ※⑤までのスリランカ（セイロン島）を迂回する従来の航路に比べ、距離にして400キロ、時間にして30時間もの大幅な短縮になるとの試算が出ている。

ところがこの計画に対し、「神話に登場する伝説のラーマの橋が破壊される」として、インド人民党をはじめとするヒンドゥー至上主義政党が猛反発。水路建設計画の中止を求めて最高裁に提訴した。

これに対しインド政府は2007年に、「ラーマの橋は自然に形成されたもので神話に登場する人工の橋である証拠はない」とする声明を発表して反論。しかし裁判の決着はまだついておらず、水路建設計画は現在も止まったままになっている。

（本城達也）

【注釈】

※①**『ラーマーヤナ』…**『マハーバーラタ』と双璧をなす古代インドの大長編叙事詩。全7巻。古代インドの英雄ラーマ王子の活躍を描く神話。

※②**イスラムの伝説…**この他に、「楽園から追放されたアダムはスリランカに降りた」という伝説もある。その降りた地が現在の「アダムス・ピーク」と呼ばれる山の頂上にある岩。この岩には足跡のようなものがついており、イスラム教とキリスト教ではアダムの足跡、仏教は釈迦、ヒンドゥー教ではシヴァ神の足跡だと信じられてい

る。そのためアダムス・ピークはスリランカの一大巡礼地となっている。

※③ラム・シャラン・シャルマ…（１９１９〜２０１１）インドの高名な歴史家。これまでに１１５冊もの書籍を執筆し、インド歴史研究評議会（ＩＣＨＲ）の初代会長を務めた。

※④コロンボ…スリランカ西部の都市。かつての首都で、現在でも最大の人口を擁する大都市として機能している。

※⑤チェンナイ…インド南部の東岸に近い都市。人口約６４０万人。インドでは5番目に大きい。

■参考資料：

南山宏監修『驚愕のオーパーツ&超古代ミステリー99』（双葉社、２０１０年）
並木伸一郎『決定版　超古代オーパーツＦＩＬＥ』（学研、２００７年）
ヴァールミーキ『世界文学全集Ⅲ―2　ヴァールミーキ　ラーマーヤナ』（河出書房新社、１９６６年）
Jinadasa Katupotha「Evolution of Coastal Landforms in the Western Part of Sri Lanka」（Geographical Sciences vol.43 no.1 pp. 18~36, 1988）
【ｗｅｂ】The Times of India「Hanuman bridge is myth: Experts」
【ｗｅｂ】Britannica Online Encyclopedia「Adam's Bridge」
【ｗｅｂ】WWW Virtual Library Sri Lanka「NASA Images Find 1,750,000 Year Old Man-Made Bridge between India and Sri Lanka」
【ｗｅｂ】Hindustan Times「Photos no proof of Ram Setu: NASA」
【ｗｅｂ】The Indian Express「Sethu order not for a year, SC to wait for panel report」

【第五章】「日本の超古代文明」の真相

27 【伝説の賢者は日本で没していた?】宝達志水町のモーゼの墓

推定年代
中石器時代
1.2万年以上前

伝説

石川県宝達《ほうだつ》志水町には、「十戒」[※①]で有名なモーゼ[※②]の墓がある。

古代世界の成り立ちが記された『竹内文献』によると、今からおよそ3430年前、不合《あえず》朝第69代神足別豊耡《かんたるわけとよすき》天皇の時代に、モーゼは船で日本の能登に渡来。天皇に十戒を彫り込んだ「十戒石」を献上し、承認を待つ間、天皇の第一皇女である大室《おおむろ》姫を妻に迎えた。そして12年間、神道の修行に励んだという。

やがて天皇から十戒の承認を得たモーゼは、天空浮船《あめそらうきふね》と呼ばれる古代世界に存在した飛行船に乗って宝達山を出発。イタリア・ボローニャ地方を経由してシナイ山に渡り、十戒を世界に広めるという大役を果たした。

その後、モーゼは余生を過ごすために再来日。583歳という長寿を全うし、最期は宝達山のふもとにある三ツ子塚に葬られた。それが現在も宝達志水町に残されているモーゼの墓である。

読者の中にはこういった話を荒唐無稽だと思われる方もおられるかもしれない。

けれどもモーゼが葬られた三ツ子塚は古墳であることが確認されており、石川県の埋蔵文化財になっている正真正銘の墓なのである。

古代イスラエルの預言者モーセ。石川県で没したという伝説がある（フィリップ・ド・シャンパーニュ画）

また地元には「平林」という地名があるのだが、奇妙なことに、その読み方は「ひらばやし」ではなく、「へらいばし」と読まれている。これはモーゼと関係の深いヘブライとの繋がりを示しているのではないだろうか？

さらに戦後、モーゼ伝説を聞きつけたＧＨＱが塚を掘り起こして発掘調査も行っている。そのときの調査では、墓の近くの石灰山で、膝からくるぶしまで約75センチも

【左写真】「伝説の森公園　モーゼパーク」。森に囲まれた園内は静かで、整備が行き届いている。【右写真】園内にはヘブライ風の石柱モニュメントもある（撮影：本城）

ある巨人の骨や、異国風の兜、奇妙な形の貴金属に、土器と思われる壺などが発掘されたという。

言い伝えによれば、モーゼの身長は2メートルもあったといわれている。発掘された人骨がモーゼのものであっても不思議はない。むしろ彼が宝達山の三ツ子塚に葬られているという話は、がぜん真実味を帯びてくるのである。

真相

モーゼの墓の伝説で、その最大の根拠となっているのは**『竹内文献』**である。『竹内文献』とは、6世紀頃、国史の古記録消失を恐れた武烈天皇の勅命により保管され、それが新宗教「天津教《あまつきょう》」※③の教祖・竹内巨麿の代まで筆写されて伝わったと称する歴史書である。

しかし、その『竹内文献』を巨麿が初めて世に公開したのは明治以降のこと。当時、多くの名士たちの信奉を集める一

【左写真】公園からモーゼの墓に向かう山道。こちらも整備されているので歩きやすい。【右写真】しばらく進むと「モーゼクラブ」が設置した記帳所が現れる（撮影：本城）

方で、その突飛な内容から**明治以降に作られた偽書**である可能性がきわめて高いとされている。同時にそれは、『竹内文献』を最大の根拠としているモーゼの墓の伝説も極めて怪しいことを意味している。

●現地での調査

最大の根拠が怪しいとはいえ、モーゼの墓といわれる場所は実在している。そこで筆者（本城）は現地へ直接出向いて調査を行うことにした。

右ページの写真は、現在「伝説の森公園　モーゼパーク」として整備されている公園である。場所は宝達山のふもとにあり、モーゼの墓へは山道でつながっている。実際に登ってみたが、ある程度整備されているため、それほど険しい山道ではない。

途中には記帳所が設けられている。中をのぞくと**「モーゼクラブ」**という有志によるモーゼの墓の解説板があった。竹

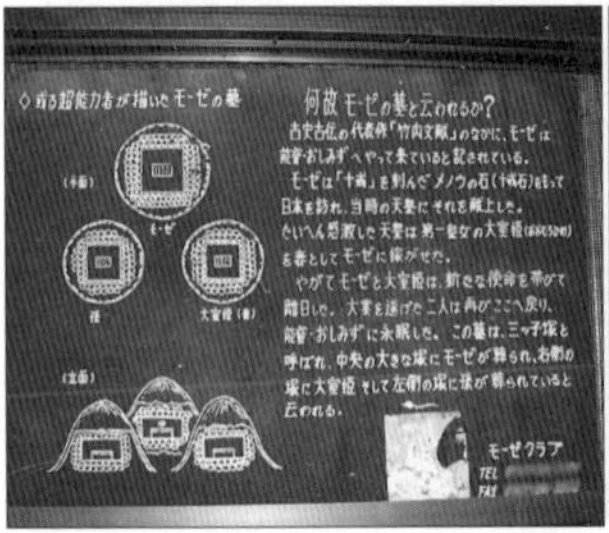

【左写真】記帳所の中にあった解説板。竹内文書を参考にしたと思われる【右写真】こちらは町が設置した解説版。墓の大きさなどの概要が記してある（撮影：本城）

内文献をもとに書かれたようである。

記帳所をあとにし、山道をさらに登っていくと、三ツ子塚を示す標識が見える。その案内に従って進んだ先にあるのが三ツ子塚の下に位置する広場だ。

ここには町によって建てられたモーゼについての解説板※④がある。読めば、三ツ子塚の正式名は「河原《かわら》三《み》ツ《つ》子塚《こづか》古墳群」だという。モーゼの墓といわれているのは、全部で10ある古墳群のうち、2号墳であるようだ。

場所を確認し、最後の山道を登る。すると、ついに目的の場所へたどり着いた。

左ページの写真が、モーゼの墓といわれる2号墳の上に建てられていた墓である。非常に質素なつくりで、思わず拍子抜けしてしまう。墓標をよく見ると、三ツ子塚の下にあるモーゼの解説板とは違い、役所が公的につくったものではないことがわかる。

しかし、このモーゼの墓は古墳であり、石川県の埋蔵文化

遂にたどり着いたモーゼの墓。意外と簡素なつくりである（撮影：本城）

財になっているのではなかったか？

この件について、筆者は石川県の教育委員会文化財課に問い合わせてみた。その結果わかったのは、もともとこの三ツ子塚からは、はにわなどが出土し、山伏の修験道※⑤の通り道になっていたということだった。埋蔵文化財という話は、そういった歴史が考慮され、鑑査に通った結果の話だという。

残念ながら**モーゼや墓の話はまったく関係していない**そうである。

●人骨は発見されていない

埋蔵文化財の話の真相はわかったが「平《へら》林《ばし》」という奇妙な地名や、ＧＨＱの調査で人骨が発見されたという伝説の真相はどうだろう。

墓標には「モーゼ一族霊団供養」と書いてある（撮影：木城）

まず「平林《へらいばし》」の方は、筆者が地元の方たちに話を聞いてみた。すると「平林」という地名は実在することがわかった[※⑥]。

ところが地名は実在するものの、肝心の読みは「へらいばし」ではなく、普通に**「ひらばやし」**と読むのだという。「へらいばし」などという読みは**聞いたこともない**そうだ。

それではGHQの調査の方はどうだろうか。この件については、そもそも極秘に調査が行われて発掘内容は一切不明だという話から、伝説で紹介した巨人の骨などが発掘されたという話まで、いくつかのバリエーションが存在する。骨の長さも75センチから90センチまであり、バラバラだ。

この時点で、すでに怪しさが漂う。だが真相は確かめておきたい。そこで筆者は管理元である宝達志水町の生涯学習課に問い合わせて話を伺ってみた。

すると応対してくださった職員の方の話では、戦後のあるとき、アメリカ軍の兵士たちがモーゼの墓を調べるためにやってきたことは事実だという。しかし、彼らがGHQと関わりがあったのかは不明で、正規の調査だったのか、個人的なものだったのかもわからないそうだ。[※7]ただし、兵士たちは地元の人たちに**アルバイト料を払って**発掘に協力してもらったらしく、実際に発掘されたのは錆びた鉄器類などで、**人骨は出なかったという**。

つまり、【伝説】でいわれるようなものは発掘されていなかったことになる。

結局、伝説の多くは真相と異なることがわかった。

けれども地元の人たちは、それほど**本気でこのモーゼの墓伝説を信じているわけではない**ようである。筆者が話を伺った際も、伝説を強く主張するような方はほとんどおらず、快く取材に応じてくださる方ばかりだった。

むしろ竹内文献絡みで信じている外部の人たちの方が本気度は強いかもしれない。

いずれにせよ、モーゼの墓とされる三ツ子塚古墳群は、現在、観光スポットとして整備されている。伝説は怪しくとも古墳であることは確かである。こういった話に興味を持っている方なら一度行かれてみる価値はあると思う。[※8]

参考文献の最後には公式サイトのアドレスを載せておいた。興味をお持ちの方は一度訪問されることをお勧めしたい。

（本城達也）

【注釈】

※①**十戒［じっかい］**…モーゼがシナイ山で神から授かったとされる10箇条の戒め。順に、唯一神の信仰、偶像崇拝の禁止、神の名をみだりに挙げないこと、安息日を守ること、父母を敬うこと、その他、殺人、姦淫、窃盗、偽証、貪欲の禁止と続く。

※②**モーゼ（モーセ）**…紀元前13世紀頃に活躍したとされる古代イスラエルの指導者。旧約聖書の『出エジプト記』によれば、神ヤーウェとの契約によって十戒を授かったとされている。

※③**竹内巨麿［たけのうちきよまろ］**…（１８７４？～１９６５）竹内家第66代当主を自称。若い頃に鞍馬山で修行を積んだり、神霊から道術を学んだりといった逸話を持つ。１８９９年、茨城県磯原に皇祖皇太神宮（天津教）を開き、多くの信者を獲得した。

※④**解説板**…解説板によると、モーゼの墓とされる2号墳の大きさは、直径38・9メートル、高さ6・5メートルあるという。

※⑤**修験道**…仏教と日本古来の山岳信仰があわさった混合宗教。平安時代に誕生した。各地の霊山に篭もり、厳しい修業を積むことで、超自然的な力「験力（げんりき）」を得ることができるとする。

※⑥**実在した平林**…宝達志水町の中野というところの先にある小さな集落。地図には載っていない。

※⑦**戦後のあるとき…**話を聞かせてくれた生涯学習課の職員の方によると、おそらく昭和20年代とのこと。発掘に協力したのは地元の青年団や公民館の職員（昭和一桁台生まれ）など。話を伺った生涯学習課の職員の方は、直接、その人たちから生前に話を聞いている。

※⑧**伝説の森公園　モーゼパークのアクセス…**ＪＲ七尾線「宝達駅」から車で約5分、徒歩で約20分。入園料は無料。駐車場完備。

■参考文献：
竹内義宮『神代の万国史』（天津教総庁、１９７０年）
大内義郷・校注『竹内文献資料集成　地之巻』（八幡書店、１９９３年）
『狩野亨吉遺文集』（岩波書店、１９５８年）
高木任之「能登半島の『モーゼ』の墓（その一）」『近代消防』（近代消防社、２００３年11月号）
高木任之「能登半島の『モーゼ』の墓（その三）」『近代消防』（近代消防社、２００４年1月号）
「モーゼ５８３歳　能登に眠る？モーゼの墓（宝達志水町）」（中日新聞、２０１０年11月6日）
【ｗｅｂ】「伝説の森公園（モーゼパーク）」（宝達志水町）
ＨＰのＵＲＬ：http://www.hodatsushimizu.jp/kurashi/section/detail.jsp?id=100

28 【太子ゆかりの古刹に眠る驚異の秘宝】聖徳太子の地球儀の正体

推定年代
飛鳥時代
574年〜
662年頃

伝説 ……

兵庫県にある斑鳩寺[※①]は聖徳太子開基という古い寺院だが、そこには「地中石」というソフトボールくらいの丸い石が伝わっている。その人知れず伝わっていた寺宝がオーパーツとして注目されるようになったのは1990年頃からだ。

「地中石」は陸地の部分を凸面、海の部分を凹面で表した地球儀だ。そこには日本列島やユーラシア大陸だけでなく、北米大陸、南米大陸、オーストラリア（1729年に孤立した大陸であることが判明）、ニュージーランド（1642年発見）、さらに南極大陸（1820年発見）まできちんと示されている。さらに太平洋の真ん中あたりには現在の世界地図にはない陸地まで存在するのである。

斑鳩寺所蔵「古代の地球儀」。聖徳太子ゆかりものとされているが…（撮影：原田実）

この地球儀の由来は斑鳩寺にも伝わっていない。しかし寺そのものの由緒から見て聖徳太子（574年〜622年）ゆかりの品という可能性は高いだろう。太子は7世紀初めに遣隋使を派遣した外交センスの持ち主であり、彼自身が日本に亡命した突厥※②の王だったという説もあるほどの国際人だった。太子はこの地球儀を見ることで文字通りグローバル（全地球大）の発想を得ていたのかもしれない。

なお、この地球儀には太子の時代にはまだ知られていなかったはずの大陸があるが、それはこの地球儀が全地球的規模で展開した超古代文明の知識に基づいて作られたか、地球儀そのものが超古代文明の遺産であることを示している。太平洋上の陸地は、この地球儀（もしくはその原形）が作られた頃に存在した幻の大陸であろう。すなわちこの地球儀はかつてムー大陸が実在したという証拠でもある、というわけだ。

斑鳩寺

真相……

●地中石は聖徳太子時代のものではない

2010年10月18日、私はJR山陽本線網干駅からバスに揺られ、兵庫県揖保郡太子町鵤に降り立った。その地にある斑鳩寺に詣で、寺宝・地中石を拝観させていただくためである。

斑鳩寺は昭和7年(1932年)に新聞各社合同の人気投票で決定した新西国三十三箇所の一つに数えられており、地元の信仰も厚い古刹である。ちなみに最近、「聖徳太子の地球儀」は奈良県にあると記した書籍やサイトを散見するが、それは奈良県斑鳩町にある法隆寺と、斑鳩寺を混同したための間違いだろう。

地中石[※③]が古代のものでないことは2003年3月2日、日本テレビ系で放送された『特命リサーチ200X』ですでに明らかにされたところだ。

地中石の表面を撮った写真。中央右側や下側に四角い白いものが見える。それが紙が埋めこまれていた跡である（撮影：原田実）

地中石の化学分析の結果、それが実際には石製ではなく、炭酸カルシウム（石灰）と海藻を混ぜて作られた漆喰であることが判明している。漆喰に海藻糊をまぜて強化する技法は**戦国時代以降の日本特有のもの**である。また、地中石の表面には地名の書き込みがなされていたが、それは古代の認識によるものではなく、**大航海時代以降の西欧から近世日本にもたらされた「新知識」**にもとづくものだったのである。

地中石は斑鳩寺宝物庫の展示ケースの中で大切に保管されている。私は事前に斑鳩寺に連絡して調査の趣旨を説明し、ご住職立ち会いの上で地中石をケースから出して観察する機会を得た。

地中石をよく観察してみると、表面には四角形の跡のようなものがびっしりとついている。一部、まだ表面には国名や地名が書かれた紙が残っていることから、どうやらその四角形は紙を埋め込んだ跡のようだ。

残っている紙で国名や地名がはっきり読み取れるのは、南米大陸東部の「食人国」、南米大陸南部の「長人国」、南太平洋の「西南海」、北米※④ハドソン湾入り江の「寒河」などで、その形状から漆喰が乾く前に埋め込まれたものであることが分かった。すなわち、そこに書かれた地名は、地中石が作られた当時からすでに存在していた、ということだ。

では、それはいつ頃だったのだろうか。

注意深く観察を続けると、そのヒントとなりそうなものが見つかった。地中石には南極大陸を示す部分があるとされているが、その陸地と思しき位置に細い筆で描かれた「墨瓦〇〇〇」という表示があったのだ。後ろの三文字はかすれていて判別できないが、残っていた部分から、もともとは**「墨瓦臘泥加」**と書かれていたことがうかがえる。

まだ南極大陸が発見されていなかった16～18世紀、その頃のヨーロッパの世界地図には**南極の位置に架空の大陸を描く**習慣があった。その大陸はしばしばメガラニカと称された。土中石にあった「墨瓦臘泥加」は、メガラニカに漢字を当てはめたものなのである。

メガラニカは、南半球経由で世界一周航路を開いたポルトガルの航海者※⑤フェルナン・デ・マガリエンスの名に由来するものだ。つまりこの呼称が用いられている以上、地中石がマゼランの航海以前に作られたということはありえない。

ハドソン湾の位置とフェルナン・デ・マガリエンス

ちなみに地中石の「墨瓦臘泥加」には太平洋上に張り出した半島が作られているが、これは現実の南極大陸には存在しない。実はこれは、まだ独立した大陸であることが確認される前のオーストラリア北海岸の地形を架空の南極大陸に接合したもので、江戸時代の日本で作られた世界地図における「墨瓦臘泥加」に共通して見られる特徴だ。

つまり、地中石が作られたのは、そんな世界の地理認識が未発達だった時代で、超古代文明の遺産ではなかったことが分かる。

●地中石はいつ作られたのか？

さて、私が斑鳩寺に行く直前、皆神龍太郎氏より耳よりの情報があった。大坂の町人学者・山片蟠桃※⑥の著書『夢之代《ゆめのしろ》』に地球儀をスケッチしたと思しき図が掲載されているというものだ。

調べてみると『夢之代』第2巻には、当時の技術で作られた地球儀を北極方向から描いた図と太平洋上の赤道が通る1点を中心に描いた図の2点が収録されている。特に後者では南方の大陸に「墨瓦臘泥加」と明記されている。しかし、陸地の形を比べると地中石とは異なっており、別の地球儀であることがうかがえる。

山片は、当時、東都（江戸）の司《し》馬《ば》江漢《こうかん》（蘭学者、絵師。1747〜1818）と浪華（大坂）の曽谷学川《そだにがくせん》（篆刻《てんこく》家、日本初のレシピ付きグルメ本『豆腐百珍』の著者。1738〜1797）がそれぞれ地球を描いた「万国図」を作成したとしている。そのうち、司馬江漢による世界地図『輿地全図』（1792）は日本初の銅版世界地図として知られているが、そこにはすでにオーストラリアがメガラニカとは別の独立した大陸として記されている。したがって「地中石」と『夢之代』に出てくる地球儀は、どちらも司馬江漢の世界地図が広まるより前に作られたものと見ていいだろう。

西川如見《にしかわじょけん》『増補華夷通商考《ぞうほかいつうしょうこう》』（1708）や寺島良安『和漢三才図会《わかんさんさいずえ》』（1712）に収められた世界地図にはいずれも広大な南方大陸が描かれ「墨瓦臘泥加」の名も明記されている。

それらの地図は、イタリア人宣教師マテオ・リッチ[※⑦]が1602年に中国で刊行した世界地図『坤輿萬國全圖《こんよばんこくぜんず》』や、中国・明朝の文人だった王圻《おうき》（1529〜1621）が編纂した『三才図会』に収録された世界地図を下敷きにしている。南方大陸「墨瓦臘泥加」と南米大陸東岸の

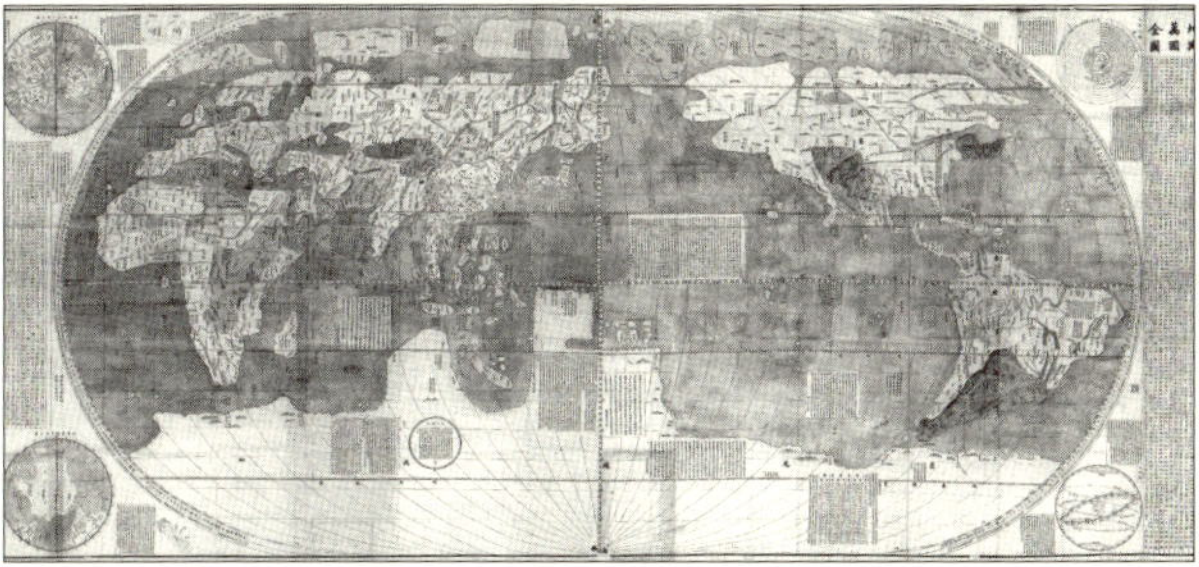

マテオ・リッチが編纂した「坤輿萬國全圖」

「食人国」、南米南端の「長人国」、南太平洋の「西南海」などの地名・国名は17世紀初めの中国の世界地図に見え、さらに18世紀初頭の日本の地図にも踏襲されていた。

これらはいずれも大航海時代における西欧の探検家の報告に基づくものであり、超古代文明などとは何の関係もないものである。では、地中石でオーストラリア、ニュージーランド、ムー大陸のように見える物は何なのか。

現実の地球儀では太平洋側にめぼしい陸地がない。陸地を凸面で表す球体だと太平洋側の空白は見栄えが悪いし、手作りで形を整えるのも難しい。

そこで地中石の作者は日本と琉球を実際より大きく作った上、フィリピン、インドネシア、ミクロネシアなどの島々の大きさや位置もずらすことにした。

地中石における「オーストラリア」「ニュージーランド」「ムー大陸」の正体、それは拡大され、南に東にとばらまかれた**フィリピン、インドネシア、ミクロネシアの島々**なので

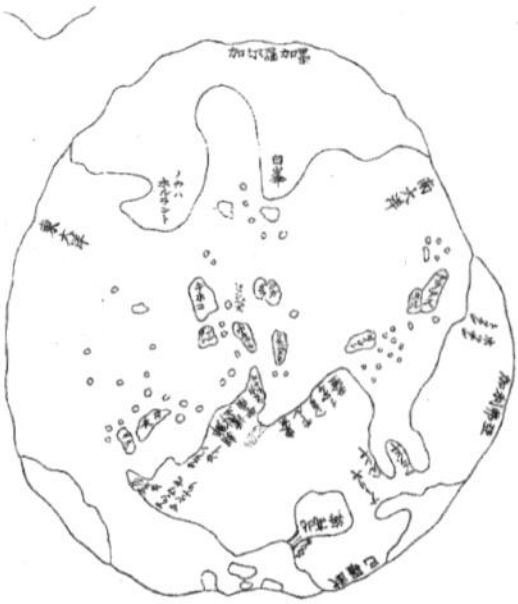

1 山片蟠桃の地図（19 世紀初頭）

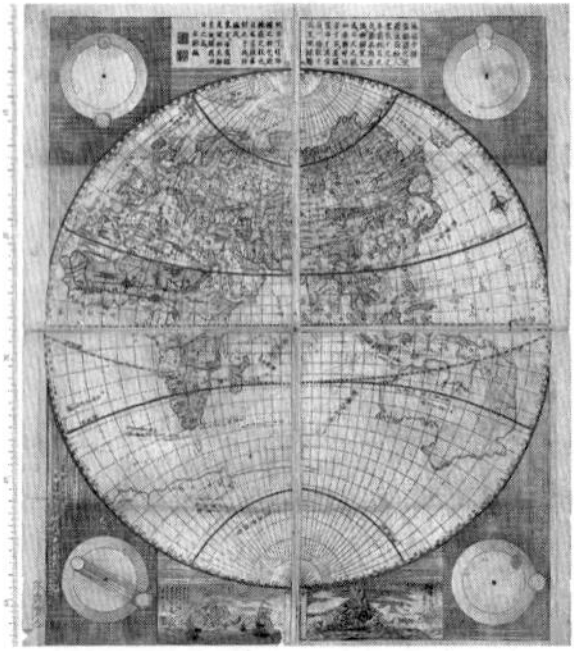

2 司馬江漢の地球全図（1792）

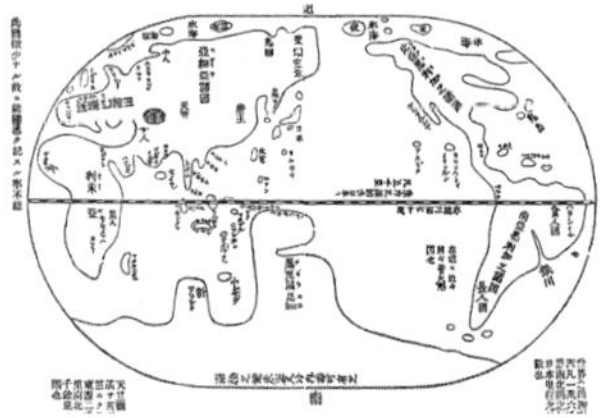

3『増補華夷通商考』の地図（1708）

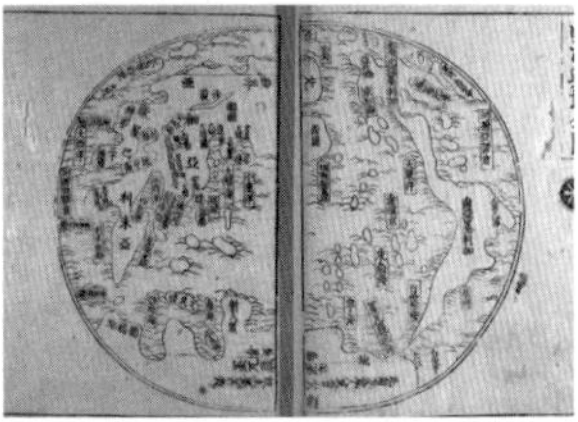

4『和漢三才図会』の地図（1712）

5『三才図会』の地図（1609）

■聖徳太子の地球儀との比較

「聖徳太子の地球儀」には、「墨瓦臘泥加（メガラニカ）」と書かれた大陸がある。この謎の大陸が考案されたのは、16 世紀初頭。その後の世界地図1～5にも同様に「墨瓦臘泥加（2のみメガラニ大陸）」の文字がある。ハドソン湾の調査が始まったのが 17 世紀後半、「墨瓦臘泥加」が地図から消えるのが 19 世紀前半であるため、地球儀はその間の江戸時代中期に作られた可能性が高い。

ある。

なお、ハドソン湾を思わせる「寒河」※⑧については『坤輿萬國全圖』『三才図会』『増補華夷通商考』『和漢三才図会』のいずれの地図にも見ることができない。ヨーロッパ人によるハドソン湾方面の地理的調査が進んだのは1670年のハドソン湾会社※⑨設立以降であるから、地中石が作られたのはその知識が日本にもたらされて以降ということになるだろう。

さて、以上のデータや斑鳩寺の所在地から考えて、地中石はおそらく江戸時代中期の関西在住者で西欧の知識に明るい人物が作り、斑鳩寺に奉納したものということになるだろう。それが何者であったかは寺の記録にも残っておらず、今のところは謎としておくしかない。

『夢之代』のスケッチは江戸時代中期、地中石の他にも国産の地球儀があったことを示している。地中石はその中でも僥倖に恵まれ、現在まで無事伝えられてきた貴重な文化財なのである。

なお、斑鳩寺は天文10年（1541年）4月7日、戦乱に巻き込まれていったん全焼している。現在の伽藍《がらん》や塔はそれ以降に再建されたものだ。

また、寺宝には鎌倉時代までさかのぼるような古いものもあるが、それらは再建後に他の寺院から納められたものである。つまりこの寺では**もともと聖徳太子時代からの遺物は伝わりようがなかった**のである。

（原田実）

【注釈】

※①**斑鳩（いかるが）寺**…兵庫県揖保郡太子町鵤（いかるが）にある天台宗の古刹。606年、聖徳太子が推古天皇に法華経を講義し、その褒美として土地360歩を譲り受け、同地に寺を建てたのが始まりとされる。

※②**突厥（とつけつ）**…6世紀に中央アジアで栄えたテュルク系民族。552年に突厥帝国を成立させ、中央アジアを制した。しかし、580年には内紛で、東突厥と西突厥に分裂。いずれも8世紀になって滅びている。

※③**地中石が古代のものでない**…くわしくは原田実『トンデモ日本史の真相　人物伝承編』（文芸社、2011年）参照。

※④**ハドソン湾**…カナダ北東部にある巨大な湾。面積約123万平方キロメートル。1610年に湾内を探検したイングランドの航海士、ヘンリー・ハドソンにちなんで名付けられた。

※⑤**フェルナン・デ・マガリエンス**…（1480?～1521）大航海時代のポルトガルの航海者。日本ではフェルディナンド・マゼランの名で知られる。1519年にスペインを出発し、途中、船員らの反乱などのアクシデントがありながらも、翌年にアメリカ大陸南部から西に抜ける航路を発見（マゼラン海峡）、先に広がっていた大海が穏やかだったことから太平洋と名付けた。さらに西を目指したマガリエンス一行は翌年フィリピンに上陸。しかし、マクタン島の王ラプ＝ラプと戦闘になり、志半ばで戦死した。

※⑥**山片蟠桃［やまがた・ばんとう］**…（1748～1821）江戸時代後期の商人、学者。本名、長谷川芳秀。大坂で朱子学や天文学を学び、歴史、宗教、経済、天文などについて論じた『夢之代』を記した。

※⑦**マテオ・リッチ**…（1552～1610）イタリア出身のイエズス会の宣教師。インドでの布教活動の後、マカオに渡り、中国語や中国文化を研究。キリスト教の布教に従事すると共に、ヨーロッパと中国双方の文化を紹介するなど、文化の架け橋としての役割をになった。

※⑧**寒河…**なお、藤野七穂氏は「寒河」について現実のハドソン湾ではなく、ゴランディア（グリーンランド）にあるとされた地名が造形上のミスでカナダ付近に混入したものであることを指摘している（ASIOS『「新」怪奇現象41の真相』彩図社、2015年）。

※⑨**ハドソン湾会社…**1670年に設立されたイングランドの国策会社。ハドソン湾の注ぐすべての河川における毛皮の独占取引が認められていた。その後は毛皮取引から小売業に業態をシフト、現在でもカナダ有数の小売業社として存続している。

■参考文献：

小林惠子『聖徳太子の正体』（文藝春秋、1990年）
豊田孝次『「日本」と決めた日・始源篇』（文芸社、2002年）
並木伸一郎『超古代オーパーツFILE』（学研、2007年）
ポストメディア編集部『世紀末オカルト学院オフィシャルアーカイブ』（一迅社、2010年）
原田実『トンデモ日本史の真相』（文芸社、2007年［文庫版、2011年］）
ASIOS『謎解き超常現象Ⅱ』（彩図社、2010年）
【web】「斑鳩寺」（新西国霊場）
【web】「斑鳩寺寺報」（天台宗斑鳩寺HP）
藤野七穂「『聖徳太子の地球儀』はオーパーツか」ASIOS『「新」怪奇現象41の真相』（彩図社、2015年）

29 遮光器土偶は宇宙人の像？

【東日本各地で出土する宇宙人実存の証拠】

推定年代
縄文時代
約3200～2300年前

伝説……

遮光器《しゃこうき》土偶とは主に縄文時代晩期（約3200～2300年前）に作られ青森県・岩手県・宮城県を中心とする東日本各地から出土する特異な様式の土偶（人間を模した土製品）である。

遮光器というのは北方民族が雪焼けから目を守るために用いるゴーグルのことで、この土偶の眼の形がゴーグルをつけたように見えるというのがその通称の由来である。その他の特徴としては小さな口、くびれた腰、横に張り出した肩と臀部《でんぶ》、太くて丸みのある腕や足の付け根などの特徴がある。

スイスの宇宙考古学者[※①]エーリッヒ・フォン・デニケンは、この遮光器土偶に注目し、それが実は宇宙人の姿を模したものと主張した。

さらにＮＡＳＡ（アメリカ航空宇宙局）はその説に基づいて遮光器土偶を分析し、その形状が宇宙服として合理的なものであることを確かめた。顔にゴーグルをかけたような頭部はヘルメット、小さな口はマスク、横に発達した肩と臀部は耐圧構造、腕や足の付け根の太さは柔軟性を重視した関節可動部をかたどっていたのである。

青森県の亀ヶ岡遺跡から出土した遮光器土偶

東日本の縄文人は宇宙人とコンタクトしてその技術力に驚き、宇宙服を着た彼らの姿を神像として残したのだろう。実際、江戸時代に編纂された『東日流《つがる》外三《そとさん》郡誌《ぐんし》』という古文書には古代の神像として遮光器土偶が描かれている。また、一説には、縄文人が宇宙人によって古代日本列島を襲った天変地異から救われた際、宇宙服を着てＵＦＯに搭乗した時の自分たちの姿を記念に残したのだともいう。

また、土偶には遮光器土偶の他にも写実的な人体や既知の動物とは程遠い姿の生物をかたどったものがある。それらは縄文人が出会った宇宙生物の姿を残したものである。

真相

遮光器土偶＝宇宙人像説はデニケンが最初というわけではない。デニケンに先駆け、この説を唱えた人物としてはソ連（当時）のSF作家[※2]アレクサンドル・カザンツェフがいる（1962年、雑誌『アガニョーク』に発表したエッセイ）。

また、[※3]CBA（宇宙友好協会）という日本の団体の機関誌『空飛ぶ円盤ニュース』ではすでに1960年から遮光器土偶＝宇宙人像説が掲載されていたとされ、カザンツェフはこの団体の代表で交友があった松村雄亮氏からこの説を教えられた可能性がある。

また、NASA云々という話もやはりCBAから出ている。ただし、松村氏の主張はカート・V・ザイジグというアメリカ人からの書簡で、遮光器土偶が現在（60年代当時）、研究開発中の宇宙服に似ていると教えられたというだけで、NASAが遮光器土偶を研究したと**具体的に述べているわけではない**。

『東日流外三郡誌』は[※4]**戦後に書かれた偽書**であり、その偽作者も筆跡などから明らかにされている。そこに遮光器土偶が神像として出てくるのは、オカルト好きの偽作者が、デニケンらの

左が東北地方で出土した土面、右が「縄文のビーナス」(©Takuma-sa)

影響で話題になった遮光器土偶をとりこんだためと見るのが妥当である。

●バラエティー豊かな土偶

縄文時代の土偶は多種多様で遮光器土偶はその様式の一つにすぎない。さらに遮光器土偶を構成する個々の要素は他の様式の土偶や土製品でも見ることができる。

たとえばゴーグルをかけたような眼は東北地方の土面といわれる人面をかたどった土製品にあるし、幅広の臀部とくびれたウエストの組み合わせは長野県を中心とするいわゆる「縄文のビーナス」[※⑤]という土偶にもみられる。そして、それらは遮光器土偶と個々の要素を共有しているにも関わらず宇宙服には見えないのである。

遮光器土偶は、縄文人が他の土偶などに共有されている要素を集めた結果、**たまたま宇宙服のようにも見える姿になった**というだけのものである。美人の定義は文化

土偶は写真のように壊された状態で出土することが多い

ごと、さらにいえば個人の好みごとに様々だが大きな目や小さな口の女性が好みという男性は現代もいる。遮光器土偶は縄文時代晩期の人々の好みを一つにまとめた産物とみなすのが妥当だろう。

また、奇妙な姿の人物や動物についても宇宙生物を持ち出さなくてもデフォルメの結果や架空のキャラクターと考えた方が無理はない。現代日本でも、たとえば秋葉原の店頭を見れば写実的な人体や既知の動物とは程遠いフィギュアが並んでいるではないか。

なお、遮光器土偶に限らず縄文時代の土偶は通常、壊された状態で屋内や祭祀施設に埋められている。その中には壊しやすいようにあらかじめ脆い個所ができるよう作られたと思われるものさえある。

これは土偶が崇拝の対象としての神像というより壊すことを前提とした呪術用の人形であったことを示している。その呪術の内容については考古学者などにより病気平癒の祈願や豊穣を祈るための一種の生贄などさまざまな憶測がなされているが、**少なくとも宇宙人崇拝やUFO搭乗記念のために作られたものでない**ことは確かである。

（原田実）

【注釈】

※①**エーリッヒ・フォン・デニケン…**17ページの注釈参照。

※②**アレクサンドル・カザンツェフ…**（1906〜2002）ロシア出身のSF作家。1946年には、小説『爆発』で、1908年に起きたツングースカ大爆発の原因は核兵器を積んだUFOが墜落したからとの説を発表、物議をかもした。

※③**CBA（宇宙友好協会）…**1957年に航空ジャーナリストの松村雄亮氏が設立した団体。先進的な団体で60年代には早くも「ポールシフト」や「古代宇宙飛行士説」といった現代ではお馴染みの説を主張していたとされる。

※④**戦後に書かれた偽書…**詳しくは本書261ページ「『東日流外三郡誌』の真相」を参照のこと。

※⑤**縄文のビーナス…**長野県茅野市の棚畑遺跡から出土したものが有名。縄文時代中期のものとされ、妊娠した女性の姿を表しているともいわれる。全長27センチで、重量は約2キロ。平成7年に国宝に指定されている。

■参考資料：

エーリッヒ・フォン・デニケン『未来の記憶』（早川書房、1969年［原書1968年］）
エーリッヒ・フォン・デニケン『星への帰還』（角川書店、1971年［原書1969年］）
エーリッヒ・フォン・デニケン『太古の宇宙人』（角川書店、1976年［原書1973年］）
高坂勝巳『地球遺跡　宇宙人のなぞ』（立風書房、1980年）
並木伸一郎『超古代オーパーツFILE』（学習研究社・2007年）
縄文造形研究会編著『縄文図像学Ⅰ』（言叢社、1984年）
縄文造形研究会編著『縄文図像学Ⅱ』（言叢社、1989年）
監修：武藤康弘取材・文：譽田亜紀子『はじめての土偶』（世界文化社、2014年）
原田実『トンデモ日本史の真相　史跡お宝編』（文芸社、2011年）
ASIOS『謎解き古代文明DX』（彩図社、2014年）
斎藤隆一「遮光器土偶」（『北奥文化』第25号・北奥文化研究会・2004年12月、所収）
橋本順光「デニケン・ブームと遮光器土偶＝宇宙人説」（吉田司雄編著『オカルトの惑星』青弓社・2009年、所収）

30

【邪馬台国論争で異彩を放つ奇説】

邪馬台国は北朝鮮にあった!?

推定年代

弥生時代
2世紀～
3世紀

伝説……

いわゆる魏志倭人伝※①で倭（通説では日本）の女王・卑弥呼が都を置いたとされる邪馬台国については主に九州説と近畿説の間でいまだに論争が続いている（近畿説では邪馬台国は大和＝ヤマトの音写とみなされる）。ところが最近、卑弥呼の都は日本列島内ではなく現在の北朝鮮・中国国境付近にあったという説が急浮上している。

その説の先駆は、元陸軍主計将校の浜名寛祐《かんゆう》※②が１９２６年に著した『日韓正宗遡源《にっかんせいそうさくげん》』という書籍にある。

浜名は日露戦争中に満州（現中国東北部）で見つけた東丹国※③の史書（通称「契丹古伝《きったんこでん》」）に卑弥呼が日本ではなく朝鮮半島の馬韓《ばかん》という国の女王だったことを示す記述を見出したという。

奈良県桜井市にある「箸墓（はしはか）古墳」。この古墳こそが卑弥呼の墓であるとする研究者もいる（出典：国土交通省 国土画像情報）

浜名によれば卑弥呼の都は現在の平壌に置かれていたが、魏の史官がそれを日本列島の大和と混同したため、史書に「邪馬臺国」と書かれたのだという。この説は1970年代の邪馬台国ブームの中、古代史研究家の鈴木貞一[※④]によってリバイバルされたこともある。

その邪馬台国北朝鮮説を現代によみがえらせたのは山形明郷[※⑤]である。

山形は清代の歴史考証家・労格（1819〜1864）が残した文章に邪馬台国はもともと「祁馬《けま》臺国」と書かれていたという記述を見出した。一方、現在の朝鮮半島北部から中国東北部にかけて古代に「蓋馬《けま》」という国があったとされ、北朝鮮には現に蓋馬高原という地名が残っている。つまり「邪馬台国」が本当は「祁馬台国」だったとすればそれは日本の大和ではなく、北東アジアの蓋馬国の音写とみなす方が妥当なのである。

また、中国正史の『晋書』※⑥には卑弥呼は公孫氏《こうそんし》だという記述がある。公孫氏とは三国時代、現中国東北部で独立して燕《エン》という国号まで建てた一族である（そのため三国時代は実質的には魏・呉《ご》・蜀《しょく》の三国に燕を加えた四国時代だったとみなす立場もある）。卑弥呼が公孫氏だったとするとその都も中国東北部もしくはその近辺に求めなければならないわけである。山形の説の支持者には米とぎ汁乳酸発酵の普及で有名な飯山一郎氏※⑦もいる。

山形が唱えた通り、今後は、邪馬台国問題は日本史ではなく北東アジア史の一部として研究されるべきだろう。ちなみに生前の山形が残した講演会の動画は「You Tube」で視聴することができる。

真相

邪馬台国論争の決着はまだついていない。しかし、それでもなお明らかに誤っているといえる説はあるものだ。**「邪馬台国」北朝鮮説はその代表的なもの**である。

浜名が根拠とした「契丹古伝」の来歴は疑わしい。また、「契丹古伝」そのものが浜名の偽作ではないとしても、浜名が古代朝鮮・満州語と日本語に共通の単語が多数あったという考え

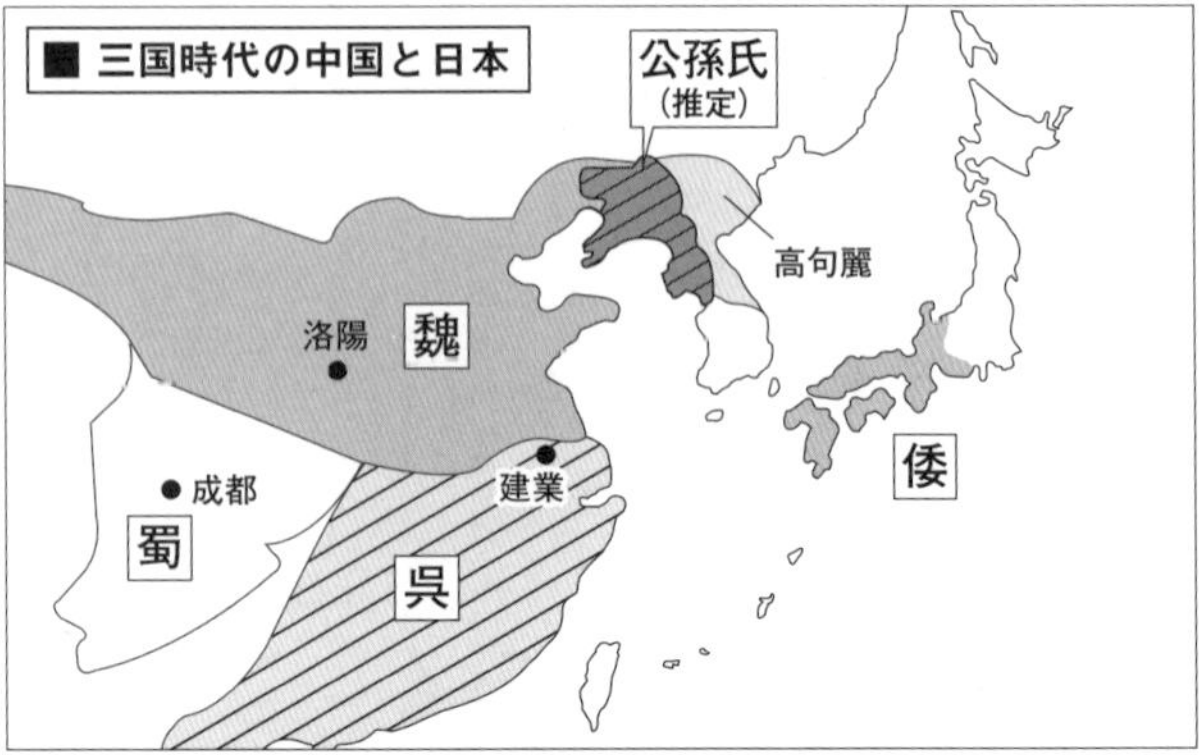

中国三国時代の公孫氏の支配地域（推定）。邪馬台国北朝鮮説では、この公孫氏こそが、卑弥呼であると主張する。

をもっていたことから、その解読には**日本語の語呂合わせ**が多く、その解読（ひいてはそれに基づく卑弥呼馬韓女王説）は信用できるものではない。

山形がいう「祁馬臺国」が正しいという主張は間違っている。[※8] 山形自身も書籍に引用している労格『晋書校勘記』の本文は「邪馬臺国を祁馬臺国と誤って記した本があるから他の本で訂正するべきだ」という内容である。山形はそれを裏読みすることで**「祁馬臺国」の方が正しい**と強弁したのである。

また、卑弥呼が公孫氏だという主張の根拠となった原文は次の通りである。

「（女王の名は）卑弥呼宣帝之平公孫氏也其女王遣使」（『晋書』四夷伝・倭人条）

宣帝とは『三国志演義』で蜀の諸葛亮《しょかつりょう》（181～234年、字は孔明《こうめい》）のライバルとして語られる司馬懿《しばい》（179～251年、字は仲達《ちゅうたつ》、魏の将だが没後に晋の帝号をおくられた）のことである。仲達は孔明の死後、東方に兵を率いて燕を滅ぼしている。

『晋書』のこの文章は通常、仲達が公孫氏の燕を平定した直後に女王卑弥呼が（魏に）使者を遣わせたと解されるものである。それを山形は、卑弥呼は仲達が滅ぼした公孫氏だと読んだわけである。実際には**この読み方は不自然**で『晋書』以外の他の史料との整合性もない。

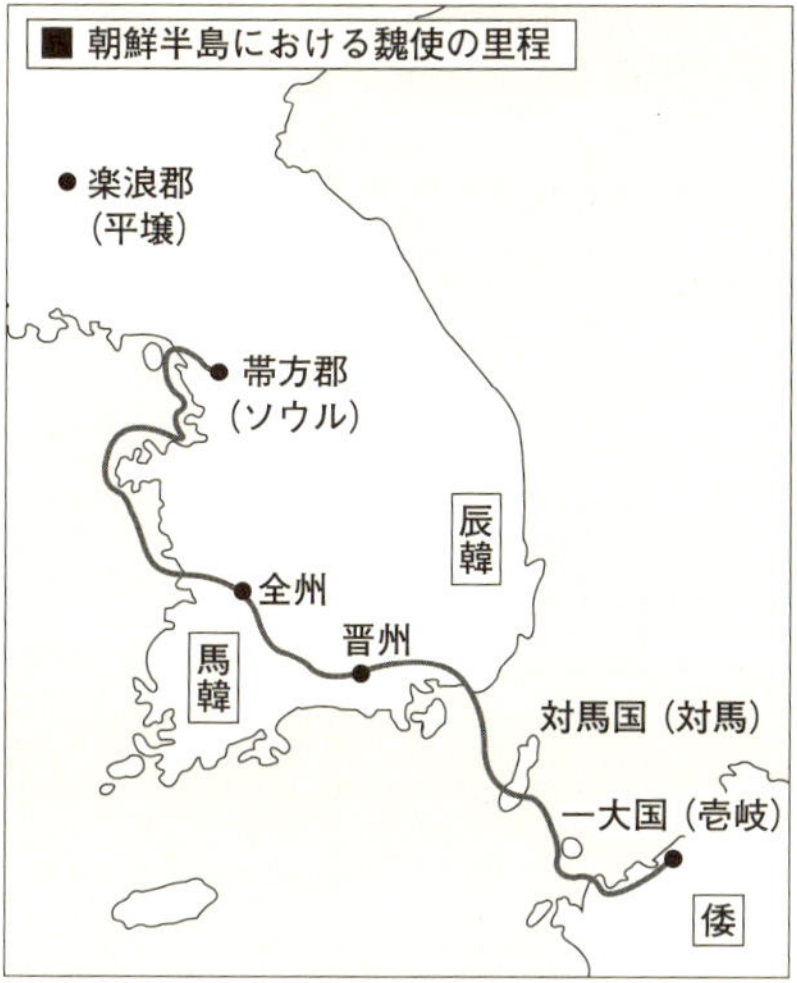

魏志倭人伝には、朝鮮半島から邪馬台国に至る上記のような里程の記述が描かれている。

魏志倭人伝には朝鮮半島から邪馬台国に至るまでの里程記事がある。その最終到着地点が九州島内に収まっているのか、九州を離れた他の地域（たとえば近畿）にまで延びているのかは異論があるにしても朝鮮半島南部から対馬（現長崎県対馬市）、壱岐[※⑨]（現長崎県壱岐市）の島々を経て九州に上陸するルートが含まれていることはまず間違いない。「邪馬台国」北朝鮮説では**その里程記事が意味不明になってしまう**。

ではなぜそのような説が戦前にも戦後にも現れ、それぞれ支持者を得たのか。

日本では古代以来の王権とされる皇室が現代まで継続して存在している。そのため、卑弥呼という女王を日本史にとりこもうとすると皇室の祖先なのか、皇室の祖先による日本統一の過程で滅ぼされた勢力の「王」なのかが問題となる。そこで卑弥呼の都を日本列島以外の場所に持っていくことができれば**皇室との関係に頭を悩ます必要がなくなる**のである。

また、飯山氏に関して言えば、北朝鮮の「邪馬台国」を日本の同族の国とみなすことで古代日本人の領土を誇大に言い立てようとする意図もうかがえる。

（原田実）

【注釈】

※①**魏志倭人伝【ぎしわじんでん】**…魏・呉・蜀の三国時代（3世紀頃）を対象とする中国正史『三国志』（撰者・陳寿233～297）の魏書東夷伝倭人条の通称。

※②**浜名寛祐**…（1864～1938）号・祖光。主計将校として日露戦争出征中、満洲で滞在したチベット仏教の寺院に預けられていた「契丹古伝」を発見、それを書写して持ち帰ったという。

※③**東丹国［とうたんこく］**…926年、遊牧民族の契丹が現中国東北部に建てた国。947年に契丹がモンゴルから華北にまたがる遼朝を建てた際に吸収され、消滅したと見られる。
※④**鈴木貞一**…（1897〜1980）古代史研究家。戦前は満鉄勤務、戦後は日本各地で商工相談所所長等歴任のかたわら研鑽を積む。
※⑤**山形明郷**…（1936〜2009）比較文献史家・北東アジア史研究家。宇都宮市出身。中国正史を原典で読むこと40年以上、古代東洋史を大幅に書き換える発見を成したと主張、晩年をその普及に捧げた。
※⑥**『晋書』**…西晋（265〜316）、東晋（317〜420）を対象とする中国正史。房玄齢（578〜648）撰。
※⑦**飯山一郎**…（1946〜2018）元上海鉄道大学（現同済大学）教授、山形明郷史観後継者。乳酸菌を利用した汚泥処理・塵芥処理・農地土壌改良などの事業を行なうかたわら、HPで古代史に関する論考を発表。2011年の福島原発事故直後、乳酸菌で放射線障害を予防できると主張、発酵（腐敗）した米とぎ汁の服用を勧め、一大ブームを起こした（批判者からは食中毒や感染症の危険が指摘されている）。
※⑧**祁馬臺国の表記問題**…いわゆる邪馬台国の表記については史書によって「邪馬壹国」（『三国志』）「邪馬臺国」（『後漢書』）「邪馬臺」（『隋書』）「祁馬嘉国」（『梁書』）「邪馬嘉国」（『広志』逸文）などぶれがある。「祁馬臺国」と書かれた書というのはすなわち『梁書』（撰者・姚思廉557〜637）のこと。これらのぶれは写本書写時の書き間違いや木版印刷の際の版木誤刻によって生じたもので「邪馬臺国」が本来の表記と見られる。「邪馬台国」はそれを簡略化したもの。
※⑨**壱岐［いき］**…魏志倭人伝では、「一大国」と表記。他の史書では「一支国（いきこく）」と書かれているため、「一大国」は魏志倭人伝の誤記ではないかとの主張もある。

■参考文献：

浜名寛祐『神頌契丹古伝』（八幡書店、１９８６年、『日韓正宗遡源』の完全復刻版）
鈴木貞一『日本古代文書の謎』（大陸書房、１９７１年）
山形明郷『卑弥呼は公孫氏』（私家版、１９９１年）
山形明郷『邪馬台国論争終結宣言』（坂口企画部、１９９５年）
山形明郷『古代史犯罪』（三五館、２０１０年）
山形明郷『卑弥呼の正体』（三五館、２０１０年）
【ｗｅｂ】「飯山一郎　元上海鉄道大学教授の講座『山形明郷史観』（故・山形明郷氏による「邪馬台国論争終結宣言」）
佐伯有清『研究史　戦後の邪馬台国』（吉川弘文館、１９７２年）
原田実『「古史古伝」　異端の神々』（ＢＮＰ、２００６年）
原田実『つくられる古代史』（新人物往来社、２０１１年）
『別冊宝島　古代史15の新説』（宝島社、２０１６年）

31 『東日流外三郡誌』の真相

【世間を揺るがした〝戦後最大の偽書〟】

推定年代
古墳時代
3世紀以降

伝説

終戦直後のある時期、青森県現五所川原市内の和田喜八郎（1927〜1999）宅で夜中に天井を突き破って古い箱が落ちてきた。その箱の中から出てきたのが『東日流外三郡誌《つがるそとさんぐんし》』をはじめとする古文書群である。その古文書群には、古代津軽に栄えた荒吐《あらばき》族（荒覇吐《あらはばき》族とも書く）とその末裔の歴史が克明につづられていた。

荒吐族は大和朝廷の祖先による邪馬台国侵略のために国を追われた人々と古代津軽の先住民、中国の動乱を逃れて亡命した人々との混成民族で、アラハバキという神を祭っていた。ちなみに古代東北地方で出土する遮光器《しゃこうき》土偶《どぐう》はアラハバキ神の御神体であった。

荒吐族は大和朝廷の東北侵攻に抵抗し続け、正史には蝦夷《えみし》として記録された。荒吐族王家の末裔である安東氏は中世に十三湖※①に港を作り、安東水軍という海賊を率いて朝鮮、中国はもちろん遠くインド、アラビア、エジプトとも交易し、莫大な富を蓄えた。しかし安東水軍は南北朝時代の南朝興国年間（１３４０〜１３４６）に起こった大津波で壊滅し、その富は埋蔵金として今も眠っている（古文書群にはその埋蔵金の所在に関する手がかりも秘められているという）。

安東氏の子孫は江戸時代には三春藩《みはるはん》（現福島県三春町）秋田氏として幕藩体制に組み込まれた。古文書群は三春藩主の親族である武士・秋田孝季《たかすえ》と、喜八郎の祖先で庄屋の和田長三郎吉次が、先祖の事績を明らかにするため、寛政（１７８９〜１８０１）から文政（１８１８〜１８３０）の頃に編纂したものであった。

また、幕末・明治期には福澤諭吉が和田家を訪ねてアラハバキ信仰に内在する万民平等の思想を学んだこともあるという。現に和田家には福澤諭吉が和田家に出した書簡も伝わっていた。

ところが、この貴重な古文書群は頑迷な歴史学界とマスコミによって偽書の烙印を押され、学問の場から追放されてしまった。

しかし、近年では和田家文書《もんじょ》に含まれる邪馬台国、卑弥呼関係の記述には魏志倭人伝では漏れている真実があるとして再評価の機運が生じている。それらを総合すると卑弥呼は北部九州に一大王国を築いたが天皇家の祖先に追われ、津軽に逃れて恐山のイタコの祖になったという。

真相

1970年代後半から90年代初頭にかけての『東日流外三郡誌』ブームの頃にはNHKや朝日新聞を含むマスコミがこの「古文書」を幾度となく肯定的にとりあげている。また、その頃には国立大学教授の歴史学者にも好意的なコメントを出した人物がいた。そうした声が静まってしまったのは和田家文書があまりにもずさんな偽書だったからである。

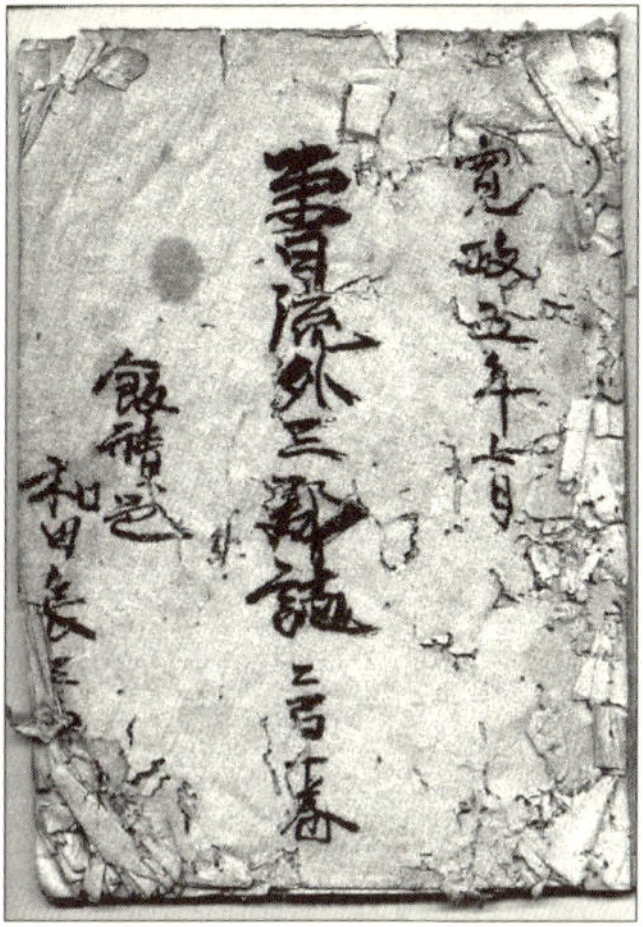

「東日流外三郡誌」（※②）

和田喜八郎本人と「古文書」の筆跡一致、戦後の製紙法による紙の混入[※③]、現代の用語・概念の混入、昭和期の画集をそのままトレースした絵巻の存在、さらに喜八郎の没後の住居調査で天井裏に物を隠せるスペース自体が存在しなかったことが判明したなど、すべての証拠は和田家文書の**作者が和田喜八郎その人**であることを示している。以上の事実が判明していく経緯

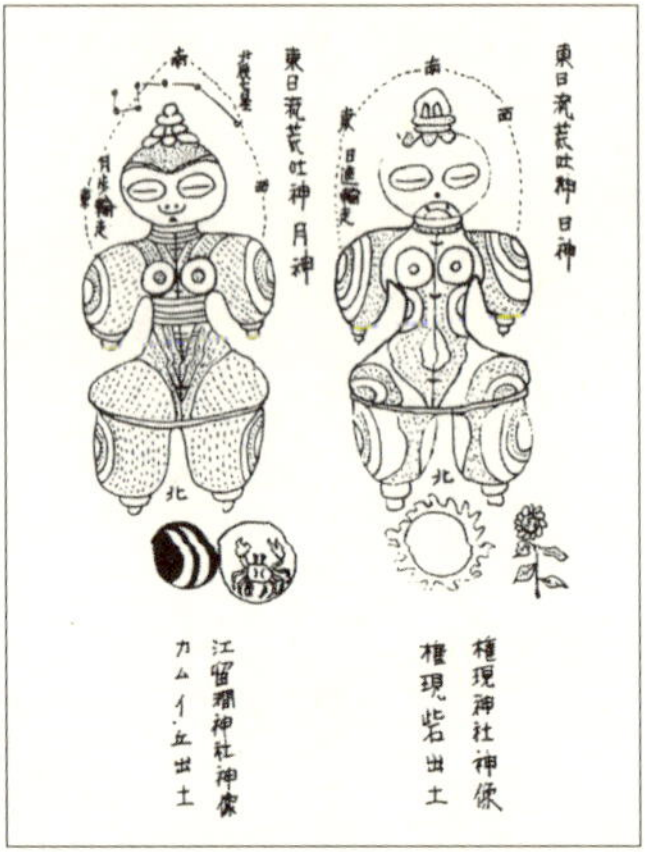

「東日流外三郡誌」の挿絵。遮光器土偶をアラハバキの御神体だと解説する（※④）

は地元紙（東奥日報）記者として和田家文書を取材し続けた斉藤光政氏の著書『偽書「東日流外三郡誌」事件』にくわしい。

和田喜八郎はテレビ、新聞、雑誌などで仕入れた情報や調査・取材に訪れた作家や学者から聞いた話を片っ端から「古文書」に仕立てていた。たとえば安東水軍や興国の大津波は（少なくとも地元・青森の郷土史家の間では）話題になった学説を「古文書」にとりいれたものである。ちなみに現在では、前者は史料の読み違えから生じた幻影であることが判明、後者は十三湖の港湾跡（十三湊遺跡）の発掘調査で14世紀半ばの大津波はなかったことが判明と、どちらもその実在が否定されている。

遮光器土偶がアラハバキの神体とされたのも遮光器土偶が宇宙人を模したものという説が1960～70年代にもてはやされたことと無関係ではないだろう。[※⑤] 日本各地、特に関東地方の神社に「あらはばき」という素性のはっきりしない神がしばしば祭られているのは事実だが、その祭祀と遮光器土偶は無関係である（ちなみに東北地方は「あらはばき」祭祀の分布中心ではない)。

和田家文書以外に秋田孝季《のりすえ》や和田長三郎吉次について記した江戸時代の史料は見つかっていない。和田家文書における2人の履歴にも文書ごとの食い違いが多く、編著者に仮託するための**架空の人物とみなした方が妥当**[※⑥]である。また、福澤諭吉が和田家を訪れたという史料は慶應義塾大学などにも残っておらず、和田家の福澤諭吉書簡なるものも**喜八郎の筆跡と同じ**で福澤諭吉云々と云う話自体が喜八郎の捏造と思われる。

さて、喜八郎晩年の「作品」には邪馬台国や卑弥呼に関連した「古文書」がいくつも含まれている。これはかつて邪馬台国論争関連で何冊ものベストセラーを出した古田武彦氏が和田家文書を支持したことによるものだろう。

喜八郎からすれば顧客の需要に応じた供給を行なっただけだが、古田氏にとって喜八郎との出会いは自分の願望が映る魔法の鏡を手に入れたも同然だった。古田氏は喜八郎の没後、和田家文書の記述を大幅に取り入れた卑弥呼の伝記を著しているが、それは結局、古田氏自身の妄想の反映にすぎないのである。

なお、東北地方のイタコの起源については不明瞭な点が多いが、青森県立郷土館のブログによると恐山にイタコが集まるようになったのはそれほど古いことではなく、せいぜい**大正末期か昭和初期**からで有名になったのは昭和30~40年代のことだという。邪馬台国時代までさかのぼることはなさそうである。

（原田実）

【注釈】

※①**十三湖【じゅうさんこ】**…青森県の津軽半島北西部にある汽水湖（海水と淡水が入り交じった湖）。鎌倉時代から室町時代には、同地に交易港「十三湊」があり、津軽地方の豪族、安東氏の拠点として栄えた。

※②**画像の出典…**【ｗｅｂ】「多元的古代研究会」のホームページより。同ホームページでは、『東日流外三郡誌』の現存テキストを公開している。

※③**現代の用語・概念…**１９３０年発見の冥王星やアントニオ猪木氏の登録商標「闘魂」まで出てくる。

※④**画像の出典…**古田武彦『真実の東北王朝』（駸々堂、１９９０年）より引用。

※⑤**遮光器土偶は宇宙人を模したもの…**和田喜八郎はオカルト話が大好きな人物だった。

※⑥**架空の人物とみなした方が妥当…**伝説では、和田長三郎は庄屋をつとめていたことになっていたが、和田喜八郎の先祖の家が庄屋だったという事実もない。

■**参考文献：**
安本美典『虚妄の東北王朝』（毎日新聞社、１９９４年）
原田実『幻想の超古代史』（批評社、１９８９年）
千坂げんぽう編『だまされるな東北人』（本の森、１９９８年）

『歴史を変えた偽書』（ジャパンミックス、１９９６年）

原田実『幻想の荒覇吐秘史』（批評社、１９９９年）

安本美典・原正壽・原田実『日本史が危ない！』（全貌社、１９９９年）

三上強二監修『津軽発「東日流外三郡誌」騒動』（批評社、２００１年）

三上重昭『「東日流外三郡誌」の真実』（梓書院、２００２年）

斉藤光政『偽書「東日流外三郡誌」事件』（新人物往来社、２００６年・文庫版、２００９年）

原田実『トンデモ日本史の真相　人物伝承編』（文芸社文庫、２０１１年）

原田実『トンデモ日本史の真相　史跡お宝編』（文芸社文庫、２０１１年）

古田武彦『俾弥呼』（ミネルヴァ書房、２０１１年）

斎藤隆一「『和田文書』真偽論争その後」『季刊邪馬台国』第93号

原田実「捏造された福澤諭吉像―今も進行する『東日流外三郡誌』汚染―」『季刊邪馬台国』（95号、２００７年６月）

三上重昭「古田武彦氏の「三郡誌論」の破綻」『季刊邪馬台国』95号

斎藤隆一「アラハバキ神と遮光器土偶」『季刊邪馬台国』95号

原田実「〝寛政原本〟の正体―『東日流外三郡誌』擁護論の自爆―」『季刊邪馬台国』第96号・２００７年10月

斎藤隆一「『俾弥呼』と『和田文書』」『季刊邪馬台国』１１９号・２０１３年10月

【ｗｅｂ】〝写真で見るあおもりあのとき　第59回「恐山のイタコ信仰　時代とともに変化」〟（青森県立郷土館ニュース）

32 皆神山のピラミッド伝説

【超古代文明のルーツは長野県にあり⁉】

推定年代

旧石器時代
2万年～
3万年前

伝説……

長野県長野市松代町にある皆神山。眼下に松代町を見下ろすようにそびえる、標高659メートルの台形をした離れ山である。車で山頂まで上がれて、山頂付近にはミニゴルフ場があるという、一見どうということのないような山なのだが、実は、皆神山は、世界最古のピラミッドなのである。

この説は、1979年に※①山田久延《くえ》彦《ひこ》氏が著書『真説　古事記』のなかで唱えたものだ。山田氏は、独自の視点で古事記を読み解くことによって、皆神山が超古代のピラミッドであったことを立証したのだ。山田氏のこの説は、当時の「サンデー毎日」でも大きく取り上げられた。サンデー毎日は、1984年から「日本にピラミッドがあった⁉」キャンペーンを開始、38回

超古代のピラミッドとされる皆神山。伝説によれば、皆神山は今から２～３万年前の旧石器時代に作られたという。

にも渡る連載を行った。

山田氏によれば、皆神山が築かれたのは、今から2~3万年前の旧石器時代のこと。当時松代周辺に、超科学テクノロジーを持ったスサノオを中心としたハイテク技術者集団が住んでいたというのだ。

皆神山の山頂が凹んでいるのは、自重によって陥没したためで、その圧縮によって、皆神山は山全体に起電流が発生するダイナモ山体となった。この発生した磁場によって重力を垂直方向に制御し、山頂から今でいうところのUFO、当時の名では「天の羅摩船」が、磁場によって弾かれ宇宙へと飛べるようになった。

つまり皆神山ピラミッドは、エジプトなどにあるピラミッドのような単なる墓ではなく、

大本教の教祖・出口王仁三郎

古代宇宙船の離発着基地だったのである。古事記でスクナヒコナの神が、天の羅摩船に乗って波の彼方より来訪したなどとあるのは、宇宙船でこの皆神山基地に発着したことを表しているのだ。

皆神山がダイナモ山である、ということには証拠がある。それは、１９６５年から、皆神山の直下で起きた群発地震だ。この地震の際には地下水の噴出なども起きたが、それだけでなく、山全体が発光するという「発光現象」が起きているのだ。地震時に不思議な光が現れるという現象は、日本各地に言い伝えのような形で残されていたが、いずれも単なるお話に過ぎず、なんの証拠もなかった。

だが、１９６６年の群発地震の最中に、皆神山山頂が光り輝いているところが、地元のアマチュアカメラマンによって初めて写真に撮られた。これは、皆神山には未だに強い電磁気力が働いている動かぬ証拠といえる。

この他にも皆神山には不思議なことがたくさんある。

皆神山は、戦前に大勢力を誇った新興宗教・[※②]大本教の聖地とされている。大本教では、皆神山は「地質学上世界の山脈十字形をなす世界の中心地点」とみなされ、現在でも毎年9月になると、皆神山祭典が信者の手によってとり行われている。

　大本教は、戦前、あまりにその勢力が強大になったため、国家権力によって恐れられ、2回に渡って大弾圧を受けた経験がある。そんな国家も恐れさせたような大宗教が、それまで全く知られていなかった皆神山を、富士山と並ぶ霊山に指定したのは、一体なぜだったのだろうか？　大本教の教祖出口王仁三郎は、皆神山が超古代科学で築かれたピラミッドだということを知っていたのではないだろうか？

松代大本営の跡地

　また太平洋戦争末期、本土決戦を覚悟した大日本帝国は、国家中枢を帝都東京から疎開させ、その全てを皆神山周辺に移転しようと計画したことがある。

　そのため皆神山と近くの象山、舞鶴山に広大な地下トンネルが築かれたのである。当初、大本営と皇居は皆神山の地下深くに築かれることとなっていた。だが、この[※③]松代大本営は、実際には使われることなく終戦を迎えた。

　もし、本当に天皇の御座所の移転が行われていれば、皆神山が日本の「皇居」となるところだったのである。これは単なる偶然と考えるべきだろうか？

古事記の時代から日本を統治してきた天皇家には、皆神山は古代のピラミッドである、という秘密の言い伝えが伝承されていた、と考えるほうが自然ではないだろうか？

真相

皆神山で群発地震が起きたり、大本教の聖地だったり、松代大本営が築かれそうになったといったことは、いずれも本当のことである。

しかし、だからといって、皆神山が超古代技術で築かれたピラミッドだ、などということになるわけではない。

皆神山ピラミッド説で一番、疑問だったのは、**「なぜ皆神山なのか」**ということだ。

たとえば、広島県の葦嶽山[※④]、秋田県の黒又山など、以前からピラミッドではないかと一部で言われていた山々は日本各地にある。だが皆神山は、山田氏が唱えるまで、誰もピラミッドなどとは思っていなかった。

それに、山田久延彦氏は、古事記を読み解くことによって、「皆神山＝ピラミッド説」を唱えたはずなのだが、古事記には皆神山という**山名が一度も出てこない**のである。

　ではなぜ山田氏は、皆神山をピラミッドだと唱えたのか？　この疑問を山田久延彦氏に直接、ぶつけたことがある。山田氏の答えは、拍子抜けするほどシンプルだった。

ピラミッド内部に通じるという皆神山中腹の岩戸神社（©Thirteen-fri）

　それは「**僕の奥さんの出身地が松代だから**」というのだ。

　奥さんの出身地で、ピラミッドの場所を決めていたのかい～！

　愛妻家・山田久延彦、ここに極まれり！　と、椅子から落ちそうになった。

　しかし、その「山田氏の奥さんの出身地＝ピラミッド説」を真に受けてしまい、皆神山を未だにピラミッドだと信じているオカルトな方々は数多い。

　たとえば２０１０年夏、テレビ東京系列で「世紀末オカルト学院」[※⑤]というアニメが放映された。舞台は、長野市松代の皆神山頂に建っているという、架空の学校・私立ヴァルトシュタイン学院。学園のどこかに隠されているという、人類を破滅から救う「ノストラダムスの鍵」を巡ってオカルトな事件が巻き起こるというアニメである。

皆神山がわざわざ学園がある舞台に選ばれたというのも、当然、皆神山ピラミッド騒動が下敷きにされているわけである。ちなみにこのアニメの監修は、あの名門オカルト雑誌「ムー」が務めている。

実は「皆神山＝ピラミッド」キャンペーンをサンデー毎日が行っていた時、筆者は長野市に住んでおり、山田氏が主宰していた「ハイポロジクス研究会」の長野支部長のような立場にいた。皆神山が人工の山であるわけがないと思いつつも、普通の山が、**みるみるうちにピラミッドにされていく**のを大変、興味深く眺めていた。

「人はなぜこんなにも簡単に、ありえない幻想を真実だと信じ込んでしまうのか？」

その時に湧いた疑問が、四半世紀以上たった今日になっても、筆者がこんなことをまだしている大きな原動力のひとつとなっている。筆者のペンネームもまた、この騒動から得た自戒の念を込めて付けたものなのである。


（皆神龍太郎）

【注釈】

※①**山田久延彦…**（１９３７〜）満州生まれの日本の著述家。大手自動車メーカーでエンジン開発に従事した後、著述活動を開始。有史以前、日本にも超古代文明があったとする大胆な持論を展開し、多数の著書を発表した。代表作に『真説 古事記』『孫悟空は日本人だった』などがある。

※②**大本教…**明治31年（１８９８年）に霊能者の出口なおと出口王仁三郎らによって興された日本の新興宗教。戦前は莫大な信者を抱えており、その影響力を重くみた時の政府によって、大正、昭和の２度に渡って激しい弾圧を受けている。

※③**松代大本営…**太平洋戦争末期の大日本帝国の国家中枢機能を移転させるために、長野県松代の地下に作られた地下坑道。計画ではここに皇居を移転させ、天皇を守りつつ、徹底抗戦する予定だったが、結局、使われることのないまま終戦を迎えた。

※⑤**葦嶽山【あしたけやま】…**広島県庄原市東部にある標高８１５メートルの山。中腹から山頂にかけて人工的に積み上げたように見える巨石があることから、ピラミッドではないかと一部で考えられてきた。ちなみに同山はピラミッド研究家の酒井勝軍によって、日本のピラミッド第一号に認定されている。

※⑥**世紀末オカルト学院…**テレビ東京系で２０１０年７月から９月にかけて放送されたテレビアニメ。さすがは『ムー』監修だけあって随所にオカルト要素がちりばめてあったが、基本はギャグテイスト溢れるアニメである。

■参考文献：

山田久延彦『真説古事記』（徳間書店、１９７９年）
山田久延彦『古事記と宇宙工学』（徳間書店、１９７９年）

33 【文部科学省推奨の超能力入門】古代以来の知恵「江戸しぐさ」

推定年代
江戸時代
1603年〜1868年

伝説

2004〜05年、公共広告機構（現ACジャパン）のCMにおいて「江戸しぐさ」のタイトルで、電車で席をつめるマナー[※①]「こぶし腰うかせ」や雨の日にすれ違う時のマナー[※②]「傘かしげ」などが紹介されたことがある。

「江戸しぐさ」そのものはCMでの創作ではなく、江戸商人のリーダーたちが築き上げた、上に立つ者の行動哲学として江戸時代に実在していたもので個々のマナーはその応用にすぎない。

ちなみに「江戸しぐさ」の「しぐさ」は「仕草」だけでなく「思草」とも書く。この場合の「草」は自然界の代表であり、自然に仕える、自然を思う、ということで万物との共生を示す意味があるという。

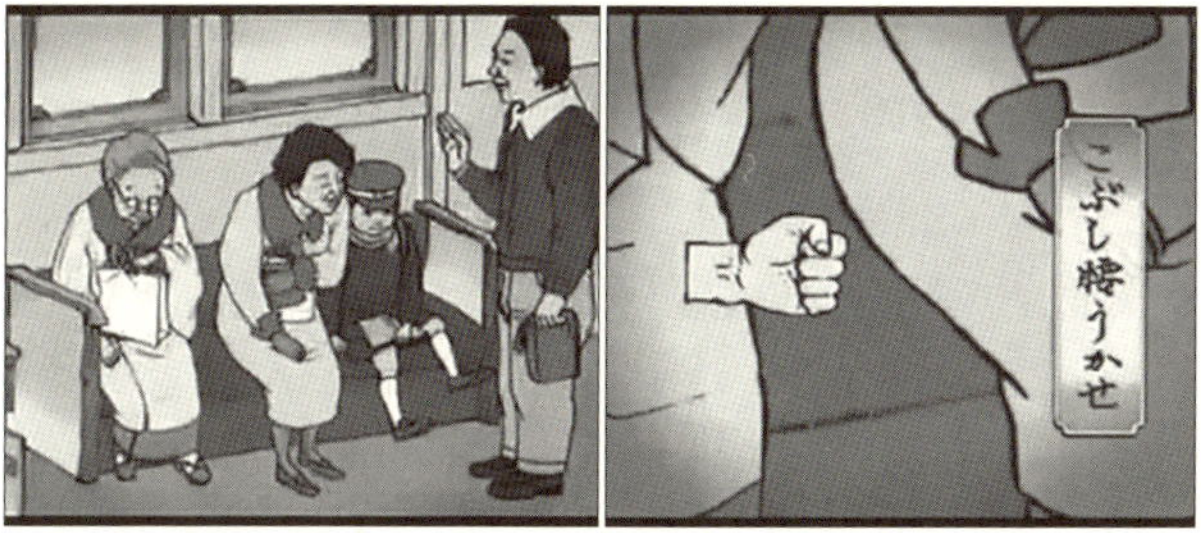

公共広告機構のCM。４人がけの座席に３人で座っていると別の乗客がやってきた。こぶし１つ分腰を浮かせて、ずれて席を空けるという「江戸しぐさ」を解説している。

「江戸しぐさ」はその数8000とも8000とも言われ、江戸260年の平和を支える秘伝として江戸講という組織で受け継がれていた。しかし、幕末から明治初期にかけて江戸を占拠した薩長勢力は江戸講の組織力を恐れ「江戸しぐさ」を行う者への虐殺、「江戸っ子狩り」[※③]を行なった。

江戸っ子たちは難を逃れるため、「江戸しぐさ」に関する書き物をすべて自ら焼き捨てた。[※④]勝海舟は江戸講と組んで何万という人々を船で地方に落ち延びさせた。しかし、そうした隠れ江戸っ子が再興した地方の江戸講も第二次世界大戦での国家総動員で解散させられ「江戸しぐさ」はいったん失われた。

「江戸しぐさ」の中核にあるのは「真贋分別の眼」を養うことと「ロク」を磨くことである。「真贋分別の眼」を養うとは物事の表面に惑わされず本質的な真贋を見抜くようになることである。そして「ロク」はその「真贋分別の眼」を働かせるのに不可欠のもので、視覚・聴覚・嗅覚・味覚・触覚の五感を超えた第六感のことである。

1923年9月1日の関東大震災の直前には、大勢の江戸っ子がロクを磨くことで災害が近いことを察知し、あらかじめ東京を離れることで難を逃れたこともある。

一説には「江戸しぐさ」は江戸時代に突然形成されたものではなく、その起源は縄文時代にまでさかのぼるという。さらに「江戸しぐさ」は日本人のDNAに刻み込まれた「型」によって育成され発現してきたものだと説く論者もある。

1960年代、江戸講の講元の末裔である芝三光[※5]は「江戸の良さを見なおす会」というサロンを作って「江戸しぐさ」復興に乗り出した。現在、「江戸しぐさ」は「江戸の良さを見なおす会」、芝の門人・越川禮子氏[※6]が芝の没後に設立した「NPO法人江戸しぐさ」、福岡市を拠点に主に九州で活動する「ゆなさ塾」などの団体により普及が図られており、それらの団体が関わった関連書籍は約40冊にもなる。

現在では「江戸しぐさ」を推奨する自治体・青年会議所・教育委員会などや、道徳教材[※7]に採用する学校、社員研修[※8]に用いる企業も増えつつあり、文部科学省検定済教科書[※9]に「江戸しぐさ」を記載した例も現れた。「江戸しぐさ」復活によって日本人がふたたび「ロク」に目覚める日も近いかも知れない。

葛飾北斎の「富嶽三十六景」に描かれた江戸時代の渡し船。船に座席はなく、乗客は底床に座っているのが分かる。

真相

江戸しぐさ支持団体も認めていることだが、「江戸しぐさ」について記した江戸時代の史料は存在しない。「江戸しぐさ」は文献上、**1980年代に突然出現したもの**である。もちろん「江戸っ子狩り」や勝海舟の手引きによる江戸っ子脱出について書かれた史料も存在しない。

「江戸しぐさ」信奉者はそれを明治政府の焚書のせいにするが、実際には官軍は江戸入り後、町人を敵に回して人心離反を招くことを警戒しており「江戸っ子狩り」など最初からなかったとみなすべきだろう。「江戸っ子狩り」は「江戸しぐさ」断絶を説明するために**作られた物語**である。

現在までに公表されている「江戸しぐさ」で、史料から復元できる実際の江戸時代の文化に適合するものは皆無といってよい。たとえば「こぶし腰うかせ」は現代の電車のように横長の座席がついている乗物では有効だが、底板に直接座るか立つかして乗る江戸時代の渡し船では**まず使い道はない**（江戸の渡し船は人だけでなく積荷や馬まで乗せたため座席があると邪魔だった）。

「傘かしげ」についても、江戸時代には和傘は贅沢品で庶民の雨具は主に蓑笠や合羽だったこと、スプリングが効いた洋傘と違い和傘では人とすれ違う時には傾けるよりすぼめる方が早いこと（浮世絵などには傘をすぼめて走る人の姿も描かれている）、土間が路地に面した江戸の家の作りでは道端で下手に傘を傾けると人様の家の玄関や店頭に水をぶちまけかねないことを考えると、**洋傘が普及した現代だからこそのマナー**と考えざるを得ない。

「江戸しぐさ」関連書籍には、江戸っ子は※⑩分刻みで暮らしていたので人様の時間を奪うような突然の訪問は「時泥棒」として禁じられた、氷屋は夏場にロクが働くお年寄りを観察して※⑪ぶっかき氷の仕入れ時期を決めた、江戸の商店では店内で※⑫煙草を吸おうとする客のキセルをとりあげることがあった、など江戸時代の文化に少しでも知識や関心があれば真に受けることはないような話が延々と書かれている。

つまり「江戸しぐさ」とは、実際の江戸時代に特に知識がない人が創作したものを、江戸時代の知識がない人々が広めることで普及した代物なのである。

歌川広重「東海道五十三次」の「庄野・白雨」より。右下にいる人物が傘をすぼめて道を譲っているのがわかる。

芝による「江戸の良さを見なおす会」設立は60年代だが、当初、芝は文献や古老の聞き取りによる江戸文化復興を説いていたようである（ただしその文献や古老の名が具体的にあげられることはない）。また、その内容も「〝はたらく〟とは傍を楽にすること」といった抽象的理念、語呂合わせにとどまっていた。

ところが芝は1980年代半ばから自らの唱える復元江戸文化（？）について講演活動や新聞投稿、テレビ出演などで宣伝するようになり、さらに具体的なしぐさに関するロールプレイを公開しはじめた。「江戸しぐさ」の呼称はその中で定着したものである。つまり実質的な「江戸しぐさ」創作開始はその時期からということになる。その後、芝は江戸講の末裔を称するようになり自らを「江戸しぐさの語りべ」に仕立て上げていった。

さらに1991年に実業家・ジャーナリストとしての経験がある越川氏が入門し、大がかりな宣伝を行うようになった。「江戸しぐさ」はこうして20年以上をかけて教育現場や企業研修・市民講座関連に食い込んだのである。

なお、人間の感覚を五感で整理するのはアリストテレス以来の西洋哲学の考え方である。第六感（Sixth sense）が通常の感覚を超えた超能力を意味するのはその前提があればこそである。

江戸時代の日本で広く知られていた認識論は仏教哲学に起源する六識説で眼識・耳識・鼻識・舌識・身識・意識を並べるものである。この考え方は山東京伝の黄表紙[※13]『人間一生胸算用』にも出てくるくらいで庶民にも馴染みがあった。つまり当時の日本では第六識として意識（心）がすでに認知されているわけだから、現代人の言う第六感（超能力）の意味での「ロク」など入る余地はなかったのである。

また、芝の談話として残っている文章には「ロク」について次のように述べるものがある。

「今、『六感』というと『今日、地震が起きそうだ』なんて嘘っぱちを言います。そういうのじゃなくて…当時はサイエンスといっても現在のサイエンスよりは幼稚だったかもしれませんが、六感というのが働いたようです[※14]」

つまり芝は「ロク」とはサイエンスすなわち科学的推論であって地震予知のような超能力ではないと言っていたようなのである。商業出版された書籍における関東大震災云々の話の初出は芝の死から5年後に出た越川氏の著書『身につけよう！　江戸しぐさ』（KKロングセラーズ、2004年。新書版2012年）である。どうやら芝の死後も「江戸しぐさ」はそのディテールを変化させ続けているようである。

「江戸しぐさ」は**現代人が現代人のために作ったマナー**だからそれなりに実用的である。事情がわかっている大人が**洒落として「江戸しぐさ」を学ぶ**ことまで否定するものではない。

しかし、江戸時代に実在したものとして学校※⑮で教えるのは言語道断だ。

モラルやマナーが説かれるべき道徳教育の場において嘘を本当と言いくるめるのがまかり通るなら、それこそが深刻なモラルハザード、マナー違反の実例なのである。

（原田実）

【注釈】

※①**こぶし腰うかせ…**乗物の座席で後から来た人を座らせるために、こぶし一つぶん腰を浮かせて横に動く動作。

※②**傘かしげ…**雨の日に路地ですれ違う時、相手と反対側に傘を傾ける動作。

※③**江戸っ子狩り…**官軍による「江戸っ子狩り」の話は1980年代の「江戸しぐさ」関連資料には見られない。初出として確認できるのは越川禮子『江戸の繁盛しぐさ』（1992）。

※④**勝海舟…**（1823〜1899）幕末の幕臣。1868年の江戸城開城にあたって幕府側の代表として官軍側の西郷隆盛と交渉した。

※⑤**芝三光…**（1928〜1999）1922年もしくは23年生まれ説もある。東京都芝出身、横浜市育ち。ポピュラーサイエンス社編集主任、テレビ技術社勤務を経て企業教育コンサルタント。1965年に「江戸の良さを見なおす会」の前身となるサロンを設立。

※⑥**越川禮子…**（1926〜）東京生まれ。ネイティブアメリカンの公民権運動指導者マギー・キューンとの会見をつづった『グレイパンサー』で1986年に第五回潮賞ノンフィクション部門優秀賞受賞。1991年に芝三光に入門、芝の晩年を看取る。2007年にNPO法人江戸しぐさを設立。現在、同法人名誉会長。

※⑦**道徳教材…**「江戸しぐさ」を教材として推奨している教育関連団体としてはTOSS（教育技術法則化運動）が有名。ちなみに同団体推奨の教材には「水からの伝言」、「脳内革命」、EM（有用微生物）、縄文人南米渡航説など学問上問題があるものが多い。さらに平成26年度からは文部科学省配布教材『私たちの道徳』（小学校5・6年生用）にも「江戸しぐさ」が正式にとりいれられた。

※⑧**社員研修…**従業員の「江戸しぐさ」講習を公表している企業としては（株）オリエンタルランド（ディズニーランド等運営経営）、東北自動車道羽生パーキングエリア「鬼平江戸処」などがある。

※⑨**文部科学省検定済教科書…**育鵬社刊『中学社会　新しいみんなの公民』、啓林館刊『わくわく算数6年生』などのコラムで取り上げられた。

※⑩**分刻み…**江戸時代の生活は季節によって時刻の長さが変わる不定時制に従っており西洋伝来の精密時計も実用品としてではなく高級なギミックとしての受容にとどまった。したがって分刻みの生活は意味がない上に不可能である。幕末に長崎海軍伝習所教官を務めたオランダ海軍将校カッテンディーケ（1816〜66）は江戸出身者を含む日本人の時間観念のルーズさにあきれる手記を残している。近現代日本人の時間観念は明治以降、学校・軍隊・工場・交通機関などでの教育・訓練を通して培われたものである。

※⑪**ぶっかき氷…**夏場の東京で氷が一般に売られるようになったのは汽船による氷の大量高速輸送が可能になった明治初期のことである（明治後期には冷凍機による人工製氷がとってかわる）。江戸時代でも越後（現新潟県）や出羽（現秋田県南部・山形県）では高山の氷室に保管した氷を夏に売っていたという記録はあるが江戸周辺の地形では売るほどの氷を蓄えたり運んだりするのは不可能だった。

※⑫**煙草…**江戸時代の日本では男女とも愛煙家が多く、家や商店では来客にまず煙草盆（煙管、火種を入れる火皿、灰を捨てる灰吹などを揃えた道具）を出すのが礼儀だった。また通人は煙管やそれにつける根付（ストラップ）の良し悪しにも凝るものとされていたため、他人に安易に預けるようなものではなかった。日本で人が集まる場所における非喫煙者の嫌煙権が広く認知されたのは1990年代以降のことである。

※⑬**山東京伝…**（1761〜1816）江戸後期の戯作者。数多くの黄表紙（滑稽な絵本）や読本（長編の物語）で大衆的人気を得るも寛政3（1791）年、幕府の禁令に触れたとされて手鎖50日の処罰を受ける。『人間一生胸算用』（1791）は当時、庶民の道徳として流行していた「心学」のパロディで擬人化された目・耳・鼻・口・手足などが心の管理を離れて勝手に暴れ出し騒動を起こすという内容。

※⑭**引用元…**越川禮子『江戸の繁盛しぐさ』（日本経済新聞社）、単行本191〜192頁、文庫195〜196頁より。

※⑮**学校で教えるのは言語道断…**道徳教材に「江戸っ子狩り」や「ロク」が出てこないというのは言い訳にならない。特定団体が利権を管理する捏造されたオカルト話の全体像も把握せずに教材に採用すること自体、文部官僚のチェック能力喪失を示しているからだ。

■参考文献：

原田実『江戸しぐさの正体』（星海社、2014年）
原田実『江戸しぐさの終焉』（星海社、2016年）
原田実『オカルト化する日本の教育』（筑摩書房、2018年）
江戸の良さを見なおす会『今こそ江戸しぐさ第一歩』（稜北出版、1986年）
越川禮子『江戸の繁盛しぐさ』（日本経済新聞社、1992年［文庫版、2006年］）
越川禮子『商人道「江戸しぐさ」の知恵袋』（講談社、2001年）
越川禮子監修・桐山勝編著『江戸しぐさ事典』（三五館、2012年）
和城伊勢『江戸しぐさ一夜一話』（新風舎、2004年）
みやわき心太郎「江戸しぐさ残すべし」『ビッグコミック1』（2008年4月3日号）
C・P・ツュンベリー・高橋文訳『江戸参府随行記』（平凡社東洋文庫、1994年）
田口哲也『氷の文化史』（冷凍食品新聞社、1994年）
橋本毅彦・栗山茂久編著『遅刻の誕生』（三元社、2001年）
棚橋正博校注『江戸戯作草紙』（小学館、2000年）
パオロ・マッツァリーノ『日本列島プチ改造論』（角川書店、2012年）
【Web】「江戸しぐさ」（ねずさんのひとりごと）

執筆者紹介

●ナカイサヤカ（なかい・さやか）

1959年生まれ。慶応大学大学院修士課程を考古学で修了後、発掘調査員を経て現在は翻訳者／通訳。ASIOSでは主に翻訳を担当する。翻訳書：絵本『探し絵ツアー　1～9』（文溪堂）、『代替医療の光と闇』『反ワクチン運動の真実』（いずれも地人書館）『超常現象を科学にした男』（紀伊國屋書店）など。最近は代替医療の歴史などに取り組んでいる。

●原田実（はらだ・みのる）

1961年広島市生まれ。古代史・偽史研究家。と学会会員。著書『トンデモ偽史の世界』（楽工社）、『日本の神々をサブカル世界に大追跡』（ビイング・ネット・プレス）、『もののけの正体』（新潮新書）、『トンデモ日本史の真相・史跡お宝編』、『トンデモ日本史の真相・人物伝承編』（文芸社文庫）、『つくられる古代史』（新人物往来社）、『オカルト「超」入門』（星海社新書）他。ホームページ「原田実の幻想研究室」（http://douji.sakura.ne.jp/）

●本城達也（ほんじょう・たつや）

1979年生まれ。ウェブサイト「超常現象の謎解き」の運営者。2005年より超常現象の各ジャンルの個別事例を取り上げ、その謎解きを行っていくサイトを運営。2007年からはASIOSの発起人として同会の代表も務める。超常現象の真相を懐疑的なスタンスで調べることがライフワーク。

●皆神龍太郎（みなかみ・りゅうたろう）

1958年生まれ。疑似科学ウォッチャー。超常現象やニセ科学と呼ばれるものの事実について、調査、発表するのが趣味。近著に『iPadでつくる「究極の電子書斎」蔵書はすべてデジタル化しなさい！』（講談社プラスアルファ新書）。『検証　陰謀論はどこまで真実か』（文芸社）、『トンデモ超能力入門』（楽工社）、『謎解き超常現象Ⅰ～Ⅳ』（彩図社）など著書、共著多数。

●山本弘（やまもと・ひろし）

1956年生まれ。SF作家。主な作品に『神は沈黙せず』『アイの物語』『詩羽のいる街』（以上、角川書店）、『MM9』（東京創元社）、『地球移動作戦』（早川書房）、『去年はいい年になるだろう』（PHP）など。他にも子供向けのスケプティック本『超能力番組を10倍楽しむ本』、『ニセ科学を10倍楽しむ本』（以上、楽工社）を出している。ホームページ「山本弘のSF秘密基地」（http://kokorohaitsumo15saila.coocan.jp/）

■ 著者紹介

ASIOS（アシオス）
2007年に発足した超常現象などを懐疑的に調査していく団体。団体名は「Association for Skeptical Investigation of Supernatural」（超常現象の懐疑的調査のための会）の略。超常現象の話題が好きで、事実や真相に強い興味があり、手間をかけた調査を行える少数の人材によって構成されている。主な著書に『謎解き超常現象Ⅰ～Ⅳ』『謎解き超科学』『ＵＦＯ事件クロニクル』『ＵＭＡ事件クロニクル』（彩図社）、『検証　陰謀論はどこまで真実か』『検証　予言はどこまで当たるのか』（文芸社）などがある。
公式サイトのアドレスは、http://www.asios.org/

謎解き古代文明

平成30年12月13日 第1刷

著　者　ASIOS

発行人　山田有司

発行所　株式会社　彩図社
東京都豊島区南大塚3-24-4
ＭＴビル　〒170-0005
TEL:03-5985-8213　FAX:03-5985-8224
http://www.saiz.co.jp
https://twitter.com/saiz_sha

印刷所　新灯印刷株式会社

 ISBN978-4-8013-0340-9 C0176

本書は、平成26年3月に小社より刊行された『謎解き古代文明ＤＸ』を加筆修正の上、文庫化したものです。